راستے نہیں ملتے

عظیم ملک

First Published in May 2022

ISBN: 978-93-5628-103-5

BLUEROSE PUBLISHERS

www.BlueRoseONE.com

info@bluerosepublishers.com

+91 8882 898 898

Cover Design:

Geetika

Distributed by: BlueRose, Amazon, Flipkart

چند اشعار اِسی کتاب سے

ٹوٹی پھوٹی اک عدد کشتی لئے
ہر بشر بنتا پھرے ہے ناخدا

فنا ہونے کا ہم کو ڈر نہیں ہے
یہ خدشہ ہے انا زندہ رہے گی

شہِ گناہ ہوں مشکل بساط دے مجھ کو
غرور ٹوٹے پیادے سے مات دے مجھ کو

ذہنوں میں جھولتے ہیں سیاست کے چیتھڑے
ہم چیتھڑوں میں اپنا کفن ڈھونڈھ رہے ہیں

جن سے تھی امید مجھکو گل سے بھر دیں گے لحد
وہ بھی پتھر رکھ کے سینے پہ مجھے دفنا گئے

اُستاد شعراء کرام کے اظہارِ خیالات

نظموں میں عظیم ملک کی خیال آرائی بہت خوبصورت ہے۔ اپنے بکھرے من کو سمیٹنے کی کوشش میں جذبے کو کھلا چھوڑ دیا ہے اور جو فضا اُن کے ذہن میں تھی اُسے لفظوں میں سمونے کا کامیاب تجربہ کیا ہے۔ اُن کی شاعری کچی زمین پر لگایا ہوا پودا ہے جسے ابھی اور آبیاری کی ضرورت ہے۔ پانی کی نہیں خونِ دل اور عرقِ جگر کی' اور عظیم ملک اُس میں مصروف ہیں اگلے مجموعے کی ترتیب کی صورت میں۔

اُستاد قیصر الجعفری مرحوم

عظیم ملک کا بے جھجھک لب ولہجہ ہمارے عہد کے ایک ماڈرن نوجوان کا لب ولہجہ ہے جس میں روایتی اشرافیہ طرزِ تکلم کی بازگشت نہیں ہوتی بلکہ اکیسویں صدی کی دھڑکنیں سنائی دیتی ہیں۔ مجھے امید ہی نہیں بلکہ یقینِ کامل ہے کہ آگے چل کر یہ لب ولہجہ اور بھی زیادہ معتبر ہوگا اور عظیم ملک کا ادبی سفر اُن کے عہد کے اُن نوجوانوں میں اور بھی زیادہ پسند کیا جائے گا جن کا رشتہ رفتہ رفتہ اُردو زبان و ادب کی روایتی لفظیات سے نکل کر بے تکلف فضاؤں کی تخلیق کر رہا ہے۔

ڈاکٹر ملک زادہ منظور احمد مرحوم

اگر آپ پوری اُردو شاعری کے اِبن بطوطہ ہیں تو آپ عظیم ملک کی شعری کائنات کی سیاحت ضرور کیجیے۔ موسیقی' لئے کاری' سرتیاں مرتیاں ایک ایسی شعری symphony ملے گی جسے جدید شعری نغمہ بنانے میں عظیم ملک کا تخلیقی ذہن کائنات بھر سوچ بن گیا ہے۔ اگلا مجموعہ جلد سے جلد منظرِ عام پر لانے کی اُن کی کوشش جاری ہے۔

افتخار امام صدیقی مرحوم' ماہنامہ شاعر

"بے شک ہے کہیں کھوٹ کوئی اپنی نظر میں۔ ہم ڈھونڈتے رہتے ہیں کمی سب کے ہنر میں"

یہ شعر گواہی دے رہا ہے کہ اظہار کے ٹھہراؤ کی سطح پر بھی اور زبان کے برتاؤ کے لحاظ سے بھی عظیم ملک کی شاعری میں ایک استقلال اور استقرار پیدا ہو چکا ہے۔

مرحوم عبدالاحد ساز

عظیم ملک فلمی دنیا سے تعلق رکھتے ہیں اس لئے اُنہوں نے زندگی کے نشیب وفراز قدرے قریب سے دیکھے ہیں۔ اور اُن سے پیدا شدہ اثرات کو بھی محسوس کیا ہے۔ عظیم ملک کی شاعری میں بہت سے عکس ونقوش ملتے ہیں جن کی نشاندہی خود اُن کے اشعار میں ہے جس میں معاصرانہ تصاویر کا عکس، بے ثباتی کا گلہ اور حکیمانہ مبادیات کا سنگم اُبھر کر سامنے آتا ہے۔

پی۔پی۔سریواستو ارند

شعری دھوپ چھاؤں کا راستہ چلنا بہر حال ذہن سے زیادہ دل کو سامانِ سفر بنانے کی ایک کوشش ہوتی ہے۔ عظیم ملک کے اس راستے میں اونچ نیچ بھی ہے' زبان کے موڑ ہیں اور جذبوں کے پڑاؤ بھی' جو کسی کو بھی ٹھہرنے' رکنے' سوچنے اور پھر چل پڑنے کے لئے اُکساتے ہیں۔ عظیم ملک اس راستے میں تھکے بھی ہیں رُکے بھی ہیں اور پھر چلے بھی۔ اگلے مجموعے کا انتظار ہے۔

احمد وصی معروف شاعر

عظیم ملک کی شاعری کے سلسلے میں چند سطروں پر قناعت کرتا ہوں کہ اُن کی ہر اگلی Inning پچھلی Inning s سے مضبوط اور مستحکم ہوگی جس کا اندازہ اس شعر سے واضح ہے۔

''سمجھ مت جنگ تو نے جیت لی ہے زندگی مجھ سے۔ تجھے وقفہ دیا ہے میں ابھی ہارا نہیں ہوں''

مشہور و معروف شاعر ملک زادہ جاوید

''یہ آگ تم نے لگائی یقین ہے مجھ کو۔ جلا رقیب کا دامن دھواں چمن سے اُٹھا''

کتنے اشارے اور کنائے چھپے ہیں اس شعر میں۔ عظیم ملک کی شاعری انہیں کنایوں سے عبارت ہے۔ اس سے لطف لینے کے لئے اُن کے ذہن کی پہنائیوں میں اُترنے کی ضرورت ہے۔

مرحوم رفعت سروش

عظیم ملک کی شاعری پر بس اتنا ہی کہوں گا کہ ان کا دوسرا مجموعہ پہلے مجموعے سے زیادہ توانا ہے اور اگر اُن کا شعری رویہ اسی طرح توانا ہوتا گیا' کوئی بعید نہیں کہ اُن کے تیسرے مجموعے ''راستے نہیں ملتے'' میں شامل شاعری پر لکھنے پر مجبور ہو جاؤں۔ انتظار ہے۔۔۔

حامد اقبال صدیقی مدیر شاعر ممبئی

چند الفاظ اپنے بارے میں

کچھ نہیں کر پائے جی کر مختصر سی زندگی
بس سمیٹے جا رہے ہیں منتشر سی زندگی

"میں خدا کا حقیر بندہ ہوں۔ لوگ مجھ کو عظیم کہتے ہیں"۔ عظیم ملک میرا نام اور تخلص عظیم۔ پیشے سے انجینیئر مگر شوق سے ایک مصنف شاعر اور ھدایت کار۔ بارہ سال تک متعدد آرڈیننس فیکٹریز اور ھندوستان ایرو ناٹکس میں ملازمت کے ساتھ ساتھ تھیئٹر میں اداکاری' ڈرامہ نگاری' ھدایتکاری اور شاعری بھی پروان چڑھتی رہی۔ اور پھر ۱۹۷۶ میں نوکری چھوڑ کر فلم ھدایتکار بننے کے لئے ممبئی آ گیا اور اس وقت بھی ممبئی سے متصل میرا روڈ پر قیام پزیر ہوں۔ ممبئی کی ۴۵ سال کی زندگی میں کیا کر پائے' کیا نہیں کر پائے اس کے ذکر کے لئے کم سے کم ۵۰۰ پیج پر مشتمل ایک سوانح عمری لکھنی پڑے گی۔ جو کہ اب ممکن نہیں ہے۔ مقدّر اور مستقبل سے کوئی واقف نہیں۔ ناممکن بھی کبھی کبھی ممکن ہو جاتا ہے۔ ویسے مندرجہ بالا شعر میری ناکامیوں کی کھلے طور پہ غمازی کر رہا ہے۔

یہ میرا تیسرا اور شاید آخری شعری مجموعہ ہے۔ پہلا شعری مجموعہ "کہنا میں نے یاد کیا ہے" مئی ۲۰۰۵ میں منظرِ عام پہ آیا تھا۔ پھر پانچ سال بعد دوسرا مجموعہ "فاصلہ ابھی تک ہے" دسمبر ۲۰۱۰ میں۔ بارہ سال بعد اب تیسرے مجموعے کی اشاعت بے شک میری ادبی اور قلمی کاہلی کی طرف اشارہ کر رہی ہے لیکن اس میں اور کئی اسباب شامل ہیں۔ جس میں سب سے بڑا سبب ہے میرا مشاعروں اور حلقہء اُردو سے دور ہو جانا۔ نتیجتاً نشستوں شاعر دوستوں اور ادبی اُستادوں سے بھی دور ہو گیا۔ تین سال سے سونے کھانے کے سوا کوئی مصروفیت ہی نہیں رہ گئی تھی وبائے مہلک کووڈ ۱۹ کی وجہ سے۔

میرا یہ تیسرا مجموعہ "راستے نہیں ملتے" اشاعت کے مرحلوں سے گزرنے کے لئے تیار ہے اور انشاءاللہ بہت جلد تمام تر موجودہ پلیٹ فارم پر دستیاب ہوگا۔ دوستوں' رشتہ داروں اور اپنے مداحوں سے دلی درخواست ہے کہ کم سے کم میرا تیسرا مجموعہ خرید کر پڑھیں۔ میرا دعوہ ہے کہ میرا کلام داغ دھلوی اور فانی بدایونی جیسے شعراء کی یاد ضرور دلائے گا آپ کو۔

سارے ہی ناخدا تھے مِری ناؤ میں سوار
پھر بھی مِری حیات کو ساحل نہیں ملا

مانگتا ہوں تجھ سے اے رب دے ہمیں امن و اماں
ایک کنبہ پیار کا بن جائے یہ سارا جہاں

مر رہے معصوم بچے بھوک سے اور پیاس سے
رحمتوں سے اپنی تو معمور کر دے بستیاں

آگ برسانے لگا ہے آج کل تیرا فلک
پھر زمیں شاداب کر دے سرد کر دے آسماں

رہنمائے قوم و ملت ہو گئے فرقہ پرست
تو زمینی رہبروں پہ دینِ حق کر دے عیاں

رزق دے قلاش کو مجبور کو معذور کو
جو ہیں بے گھر اُن غریبوں کو میسر ہو مکاں

خونِ اِنساں سے بھری ہے، آگ سے بارود کی
تو گلوں کے رنگ سے گلزار کر دے وادیاں

اک وبائے ناگہانی چار سو پھیلی ہوئی
دے شِفاء بیمار کو کر غم زدہ کو شادماں

نفرتوں سے یہ زمیں اور آہ سے گونجے فلک
مرغ زاروں سے زمیں تاروں سے بھر دے آسماں

تو ہے اکبر تو ہے خالق تو ہی رحمان و عظیم
حیٌ اور قیوم تو ہے مالکِ دونوں جہاں

☆

کھو کے تم کو پانے کے سلسلے نہیں ملتے
ڈھونڈتے تو ہیں لیکن راستے نہیں ملتے

اب سبق محبت کا سیکھتا ہے ہر قاتل
دل کے مدرسے میں یوں داخلے نہیں ملتے

مشکلوں کا مسکن ہے راستے کی تنہائی
مل کے ساتھ چلنے میں مرحلے نہیں ملتے

بیتے ہوئے لمحوں کی ڈور پہ اُڑو کیوں کہ
سوچ کی اُڑانوں میں حادثے نہیں ملتے

باز شعر کہنے میں مشکلیں تو ہیں اکثر
جب ردیف ملتی ہے قافیے نہیں ملتے

011

مے کشوں کی اک ٹولی چل پڑی ہے مسجد کو
جھولتے ارادوں میں ولولے نہیں ملتے

ساتھ کچھ بھلے ہونگے ہم اگر بھلے ہیں خود
زندگی کی راہوں میں سب بُرے نہیں ملتے

بازگشت نعروں کی اک سنائی دیتی ہے
ویسے ہم خیالوں کے زاویے نہیں ملتے

خاک میں ملے کچھ تو ڈوب گئے صحرا میں
اب عظیم راہوں میں قافلے نہیں ملتے

☆

مچلتی خواہشیں عریاں مرے تاریک لمحوں میں
تجربے ہیں کئی پنہاں مرے تاریک لمحوں میں

جنہیں خواہش تھی گل بننے کی میرے لمس کو پا کے
سسکتی ہیں کئی کلیاں مرے تاریک لمحوں میں

نہیں پہنچے کبھی جو اپنی منزل کے دہانوں تک
کئی جزبات ہیں چسپاں مرے تاریک لمحوں میں

تجربے بن نہ پائے جو کبھی حالات میں ایسے
حوادث ہیں کئی حیراں مرے تاریک لمحوں میں

تعقب میں بڑی خوشیوں کے کھوئی راحتیں ساری
ادھوری رہ گئیں خوشیاں مرے تاریک لمحوں میں

جسے جو چاہئے لے جائے آ کے اپنی مرضی سے
ہزاروں رنگ ہیں پنہاں مرے تاریک لمحوں میں

وصالِ ساغرِ تشہیر کی خواہش لئے اب بھی
مچلتے ہیں کئی ارماں مرے تاریک لمحوں میں

کوئی باظرف ڈھونڈے گا اگر شفاف نیت سے
ملے گا اک حسیں انساں مرے تاریک لمحوں میں

عظیم اک پل اُجالا صاف دل سے مانگ کر دیکھو
نہیں انکار کے اِمکاں مرے تاریک لمحوں میں

☆

کھلے فلک سی کشادہ جو تیری باہیں ہیں
مری اُڑان کو کافی یہ ساری راہیں ہیں

برستی رہتی ہیں تیزاب بن کے دھرتی پہ
یہ کربلا کے شہیدوں کے دل کی آہیں ہیں

اُٹھا لیا تھا خدا نے مسیح کو زندہ
یہ جو صلیب پہ لٹکی ہیں شر کی لاشیں ہیں

فریب خود کو ہی دیتا ہے آدمی اکثر
ہماری جان پہ ابلیس کی طنابیں ہیں

اُتر کے نچلے فلک بانٹے بیشمار کرم
نور سے اُس کے منور یہ طاق راتیں ہیں

ایک احساسِ معطّر ہے جو فضاؤں میں
تُمہارے لمس کی خوشبو تمہاری سانسیں ہیں

موت کے بعد بھی ممکن نہیں فنا ہونا
جذب و تحلیل میرے دل میں تیری یادیں ہیں

حاکمِ وقت سے امن و امان کی اُمید
سب سے محفوظ تو اللہ کی پناہیں ہیں

عظیم بھولے گا کیسے تیری جفاؤں کو
تری وفاؤں کی دل پہ کئی خراشیں ہیں

☆☆☆

☆

سوچا نہیں سمجھا نہیں گھر سے نکل پڑا
دو چار قدم بھی نہ چلا منہ کے بل پڑا

اپنا وجود ڈھونڈنے میں لاشعور میں
اپنے ہی نقشِ پا کے تعقب میں چل پڑا

اُٹھتی رہی ہیں اُنگلیاں جانب مرے مگر
حرکت عمل پہ میری نہ کوئی خلل پڑا

یاروں نے میری قبر پہ تختہ لگایا جیوں
پہلو میں اُن کو دیکھ کے دل پھر سے چل پڑا

میں نے رقیب جان کو پھر قتل کر دیا
دل پہ شکن نہ آئی نہ ماتھے پہ بل پڑے

جب حال کے بازار میں مَیں ہو گیا تنہا
ماضی تلاش کرنے کی خاطر نکل پڑا

کل شام مجھے چھوڑ گیا تھا مگر صبح
دیکھا عدو کے ساتھ تو یہ دل دہل پڑا

دیوانوں کے ہمراہ تھا اُجڑا ہوا بھی تھا
محفل میں مجھ کو دیکھ کے یک سر اُچھل پڑا

شاید وہ لوٹ آئے بس یہ سوچ کے عظیم
پھندے سے خودکشی کے مرا سر پھسل پڑا

☆☆☆

☆

جو مراسم تھے پُرانے بدل گئے سارے
محورِ آشنائی سے نکل گئے سارے

تھی پیش کوئی حادثوں کی ایک اِک لمحہ
عذاب ایک ہی سجدے میں ٹل گئے سارے

بتوں کے عشق میں تھی ایسی جنوں کی پھسلن
کہ دو قدم نہ چلے تھے پھسل گئے سارے

مثلِ عقاب نگاہوں میں کیا حرارت تھی
شدید آنچ میں ارماں اُبل گئے سارے

جو تھے امیر صلوٰۃ و زکوٰۃ روزے کے
وہ رب کے سامنے اُس دن مچل گئے سارے

شراب نہریں محل پھل شباب اور حوریں
پلک جھپکتے ہی منظر بدل گئے سارے

سلیم بندے جو دیکھے بہارِ جنت میں
مُرید جو تھے شیاطیں کے جل گئے سارے

جلے چِتا پہ سبھی مشرک و کافر منکر
جو بچ گئے تھے وہ دوزخ میں جل گئے سارے

جنہوں نے کھائی تھیں قسمیں وفا پہ جاں دینگے
عظیم آج وہ وعدے سے ٹل گئے سارے

☆

اُلجھی رہی بھنور میں مِری زندگی تمام
ہنستی رہی قریب کھڑی تیرگی تمام

پیاسا سمجھ کے ڈالی جو دزدیدہ اک نظر
چومی تھی بس نگاہ ہوئی تشنگی تمام

کرتے ہیں بات مجھ سے مگر دیکھتے نہیں
ہوتی ہے ملاقات میں ہاں بے رُخی تمام

تصویر اُن کی سینے میں پیوست ہے مگر
دل کی نہ ہوئی آج تلک دیدنی تمام

لٹکائے دیا عیسیٰ کو زندہ صلیب پہ
چلتی رہی عذاب ڈگر بندگی تمام

لب پہ تھا تبسّم سہی ، عارض بھی سرخ رو
سینے میں بین کرتی رہی جاں کنی تمام

پیتے رہے ہیں مئے ترے ہونٹوں کے جام سے
اب تک نہ ہوئی روح کی وہ تشنگی تمام

اُس کی گلی میں پھرتے رہے بن کے ہم مجنوں
آئی نہ کام عشق میں وہ سادگی تمام

اُمید نہیں اُس کی وفا کی کوئی عظیم
بس یوں ہی جھیلتے رہیں گے بے رُخی تمام

☆

سوچ و افکار کی گلیوں میں صدا پھرتا ہوں
وہ خدا چاہتا ہے شعر کہوں، کہتا ہوں

فکر کو قوتِ پرواز وہی دیتا ہے
میں خلاؤں میں ہواؤں کے سنگ اُڑتا ہوں

صرف شاعر نہیں الفاظ کا مصور ہوں
میں تصور میں تخیل کے رنگ بھرتا ہوں

مری عادت ہے کسی کو برا نہیں کہتا
کوئی نقاد پرستار سب کی سنتا ہوں

بھٹک رہا عظیم دشت میں صحراؤں میں
لگے جو پیاس تو خود اپنا لہو چکھتا ہوں

مرا خیال ہی لے آیا یہاں تک مجھ کو
کوئی ہجوم ہو میں سب سے الگ دکھتا ہوں

ذہن تو سوچ و فکر میں ہی اُلجھا رہتا ہے
یہ دل کہے جو مرے یار وہی کرتا ہوں

کبھی کہیں بھی دوستوں سے مصافحہ نہ کروں
کبھی میں خواب میں دشمن سے گلے ملتا ہوں

ہے سرخ رنگ اگر میرا' لہو ہوں بے شک
زمیں کے گھاؤ سے میں بوند بوند رستا ہوں

☆

آوارہ خیالوں کو صدا کیوں نہیں دیتے
ناکارہ ارادوں کو جلا کیوں نہیں دیتے

کوئی نہ کر سکے گا راہِ حق کبھی روشن
باطل کے چراغوں کو بجھا کیوں نہیں دیتے

سیراب ہو کے جم سے گئے ہیں خلاء میں سب
بادل کا ہواؤں کو پتہ کیوں نہیں دیتے

ہیں نیند سے بوجھل مرے جذبوں کے پرندے
احساس کی تھپکی سے سلا کیوں نہیں دیتے

دنیا بھی ذرا دیکھ لے قاتل کی مشکلیں
اسرار سے اب پردہ اُٹھا کیوں نہیں دیتے

خنجر اُٹھا اُٹھا کے وہ تھک جائے گا اک دن
قاتل کو مرا نام پتہ کیوں نہیں دیتے

مایوس ہو چکیں سبھی جینے کی خواہشیں
مر جاؤں کوئی ایسی دوا کیوں نہیں دیتے

بجلی سی کوندتی ہے چمن میں ہر ایک پل
چپکے سے اُن کو راز بتا کیوں نہیں دیتے

قائم ہو امن دنیا میں جن سے ذرا عظیم
اُن نیک ارادوں کو ہوا کیوں نہیں دیتے

☆☆☆

☆

دل کے آئینے میں چھپ کر تم مجھے دیکھا کرو
وصل کی یادوں میں ہوکر گُم مجھے دیکھا کرو

جن ہواؤں پہ لکھا ہو نام میرا دھوپ سے
اُن ہواؤں میں بکھر کر تم مجھے دیکھا کرو

میں دھنک بن کر فلک پہ بھی اُبھرتا ہوں کبھی
آنسوؤں کی بوند ہوکر گُم مجھے دیکھا کرو

میں شبِ تاریک جگنو بن کے چمکوں جا بجا
زلف میں انجم پرو کر تم مجھے دیکھا کرو

ڈھونڈنا ہے دل میں میرے پیار اپنا گر تمہیں
دل کی آنکھوں میں اُتر کر تم مجھے دیکھا کرو

تھے ہمارے بیچ کیسے اور کب کے سلسلے
یاد کی ٹیسوں میں ہوکر گم مجھے دیکھا کرو

ذرّے ذرّے میں دِکھے گا تم کو میرا ہی وجود
تم بیابانوں میں ہوکر گم مجھے دیکھا کرو

آپ کی محفل میں سارے ذی فہم ' دیوانا ایک
تم مجھے دیکھا کرو بس تم مجھے دیکھا کرو

ہر قدم پہ کیں خطائیں میں نے طفلی میں عظیم
اُن خطاؤں کی مہک ہو گُم مجھے دیکھا کرو

☆

مڑے مُوے سے تھکے راستے سے جا لوں گا
میں ایک روز تجھے حادثے سے پا لوں گا

کھلی نظر سے پلٹ کر جو دیکھ لے مجھ کو
میں زیستِ نَو کو ترے زاویے سے ڈھالوں گا

ترے وجود سے دیرینہ مراسم کی قسم
ہر ایک بار مرے دل پہ میں اُٹھا پالوں گا

فتح ہو پیار میں تجھ کو شکست مجھ کو ملے
کہ مات درد بھرے حوصلے سے کھا لوں گا

مسافتیں میں دردِ عشق دردِ الفت کی
قدم قدم پہ کسی حادثے سے ٹالوں گا

کہاں ہے ذکر مرا تیرے اِس فسانے میں
پڑا ہوا میں کہیں حاشیے پہ جا لوں گا

بنا ہوں ایک تماشہ میں جس کی چاہت میں
ملے جو مجھ کو کہیں سو پڑے سے چالوں گا

میں پیار کرتا ہوں تجھ سے تجھی پہ مرتا ہوں
قسم شباب کی تیرے میں پھر سے کھا لوں گا

ہے ترے ہاتھ میں گر کچھ مجھے فنا کر دے
وجود اپنا تہہِ خاک جا کے پا لوں گا

☆

گہرائی شام دیکھ مجھے یا سحر سے دیکھ
پہچاننا اگر ہے تو دل کی نظر سے دیکھ

میں سر جھکائے رہتا ہوں قد بھی ہے مختصر
میرا وقار جا کبھی دشمن کے گھر سے دیکھ

میں بن کے رہ گیا ہوں آج ایک سانحہ
اس زندگی کی راہ کے لمبے سفر سے دیکھ

گر ساتھ ساتھ آئے گا کیا دیکھ پائے گا
دکھتا ہوں مسلّم میں جہاں سے اُدھر سے دیکھ

ملنا تھا جس کو شر کا لقب سر ملا اُسے
شیطان بہت خوش ہے آج اس خبر سے دیکھ

اُسلوب سے خالی ہو بھلے میرا ہر کلام
خارج ہوا نہیں کبھی اپنی بحر سے دیکھ

گر چاہتا ہے دیکھنا رُخ پہ مرے دھنک
نم سی جو ہو گئی ہے اُسی چشمِ تر سے دیکھ

پیارا سا میرا گاؤں جسے کھا گیا نگر
حسرت بھری نگاہ سے اب اُس نگر کو دیکھ

دزدیدہ مجھ کو دیکھ کہ سیدھی نگاہ سے
میں تو وہی عظیم ہوں چاہے جدھر سے دیکھ

☆☆☆

☆

میری حیاتِ سخت کو آساں بنا دیا
رب نے کتابِ صبر کا عنواں بنا دیا

پتھر کے بُت کو جس نے خدا نام دیا ہے
دوزخ کا اپنے آپ کو مہماں بنا دیا

جو سر کو پٹکتے رہے پتھر پہ عمر بھر
کلمے نے اُن کو ایک مسلماں بنا دیا

تہذیب کا سالار سمجھتے رہے خود کو
اعمال نے اُن کے اُنہیں شیطاں بنا دیا

انسان کو ظالم سے بچانے کے بہانے
شہروں کو چیختا ہوا سُنساں بنا دیا

سمجھے بغیر کچھ بھی جو رٹتے رہے قرآں
حافظ تو بن گئے مگر ناداں بنا دیا

اک پل میں اُجاڑا تھا مگر ایک ہی پل میں
اُجڑے ہوئے نگر کو نگاراں بنا دیا

وہ بن سنور کے نکلے تھے آوارہ ہوا نے
اُن کی لٹوں کو زلفِ پریشاں بنا دیا

شکرانہ ادا کرنے کو سجدے میں گر پڑے
ذاتِ عظیم نے جو مسلماں بنا دیا

☆

مجھ کو مری حیات کا حاصل نہیں ملا
جو کچھ ملا معیار کے قابل نہیں ملا

نکلا تلاش کرنے میں مقتل میں زندگی
لاشوں کے ڈھیر مل گئے قاتل نہیں ملا

سارے ہی ناخدا تھے مری ناؤ میں سوار
پھر بھی مری حیات کو ساحل نہیں ملا

تدبیر کے چراغ جلاتے رہے مگر
قسمت سے ایک ذرّہ بھی فاضل نہیں ملا

صدیوں میں ڈھونڈتا رہا اِک میرِ کارواں
اللہ کے نبی کا مقابل نہیں ملا

گہرے تھے زخم سینے پہ دل تھا لہو لہو
ہر لب پہ تبسُّم کوئی بِسمل نہیں ملا

یہ رب کا کرشمہ ہے کہ سجدے میں تھے سبھی
سرحد پہ اک شہید بھی غافل نہیں ملا

قرآں حدیث پڑھتا رہا جھوم جھوم جو
قاری تھا ہر بشر کوئی عامل نہیں ملا

باطل کے سمندر میں بھٹکتے رہے سبھی
دریائے صدق کا اُنہیں ساحل نہیں ملا

☆☆☆

شہِ گناہ ہوں مشکل بساط دے مجھ کو
غرور ٹوٹے پیادے سے مات دے مجھ کو

جب آفتاب طلوع ہوگا سمتِ مغرب سے
کرشمہ دیکھ سکوں وہ حیات دے مجھ کو

فلک کے سینے پہ برسے گی آتشِ سورج
زمیں پگھلنے لگے تب وفات دے مجھ کو

گناہ میں ہوں ملوث ہزار صدیوں سے
تو مغفرت کے لئے ایک رات دے مجھ کو

ہر ایک دن ہو مثلِ عید میری قسمت کا
تو ماہِ صوم میں ہر طاق رات دے مجھ کو

مرے خمیر میں بھر دے تو پیار اور چاہت
کدورتوں سے حسد سے نجات دے مجھ کو

سزائے موت دے دہشتگروں کے حامی کو
سکون و امن سے پُر کائنات دے مجھ کو

ہر ایک سمت ہیں بکھرے حرام کے نسخے
حلال ہوں جو سبھی ادویات دے مجھ کو

وفا کی راہ پہ ہر اک کو گامزن کر دے
فلاح بانٹوں ہر اک روز و رات دے مجھ کو

☆

ہر ایک رشتے کو معیوب کئے بیٹھا ہوں
خود اپنی ذات کو مغضوب کئے بیٹھا ہوں

کہ جس کے ہونے سے انسانیت کو ٹھیس لگے
اُن خرابات کو مرغوب کئے بیٹھا ہوں

تلاشِ سچ میں کبھی دار پہ چڑھ جاؤں گا
میں جھوٹ گوئی کو مرعوب کئے بیٹھا ہوں

یوں ہی لکھ دی ضخیم سی کتابِ ناکامی
میں قارئین کو مضروب کئے بیٹھا ہوں

ہیں مراسم مرے نرگس سے اور صنوبر سے
عشقیہ حرکتیں بھی خوب کئے بیٹھا ہوں

کہ سوچ کر جسے ہو جاتی ہے زباں گندی
ہر ایک لفظ وہ مرغوب کئے بیٹھا ہوں

کہیں سے زخم ملے درد ملے ٹیس ملے
میں چاہتیں بھی بہت خوب کئے بیٹھا ہوں

کسی کی یاد میں رہتا ہوں گم ہر اک لمحہ
میں اپنے آپ کو مجذوب کئے بیٹھا ہوں

مرے وجود کا دشمن ہے جو زمانے میں
یہ جان اُس سے ہی منسوب کئے بیٹھا ہوں

☆

کچھ نہیں کر پائے جی کر مختصر سی زندگی
بس سمیٹے جا رہے ہیں منتشر سی زندگی

ہر طرف ہے قہر برپا قتل اور غارت گری
ہم کو حصے میں ملی ہے اک شرر سی زندگی

گھڑ رہے ہیں روز اک بھگوان اپنے موڈ کا
جی رہے ہیں رب سے ہوکر بے خبر سی زندگی

اب نہ بن پائے گا اِن ہاتھوں سے اک محفوظ گھر
رہ گئی ہے بن کے دیکھو بے ہنر سی زندگی

درد اب جینے کا ہے بس اور کوئی غم نہیں
مرضِ مہلک بن گئی ہے چارہ گر سی زندگی

041

ڈوب کر پھر اُبھر آئے وقت کے گرد آب میں
ریت کے دریا میں جیسے اک بھنور سی زندگی

ہے سسکتی آدمیت حکمراں کے ہاتھ میں
ٹھوکریں بس کھا رہی ہے در بدر سی زندگی

لگ رہا ہے آج بٹ جائے گی پھر سے یہ زمیں
ضرب کھاتی جا رہی ہے معتبر سی زندگی

ہر طرف سے مل رہی ہے بس ذلالت ہی عظیم
ہو گئی بدتر ہماری بالاتر سی زندگی

☆

اُلجھ کر گردشِ حالات سے بکھرا نہیں ہوں
ذرا سا تھک گیا ہوں میں ابھی ٹوٹا نہیں ہوں

نہیں پرواہ منزل کی نہ ہی سمت سفر کی ہے
میں چلتا جا رہا ہوں میں کہیں ٹھہرا نہیں ہوں

خموشی سے جو سازش ہو رہی ہے اُس کنارے پر
میں سب کچھ سُن رہا ہوں غور سے بہرا نہیں ہوں

ہوا دل سخت پتھر کا جگر احساس مٹی کا
کئی برسوں سے جی بھر ٹوٹ کر رویا نہیں ہوں

سمجھ مت جنگ تو نے جیت لی ہے زندگی مجھ سے
تجھے وقفہ دیا ہے میں ابھی ہارا نہیں ہوں

صفِ دشمن جو حائل تھی ہمارے بیچ برسوں تک
ادائیں وہ بُری میں آج تک بھولا نہیں ہوں

حقیقت کو بیاں کر دوں گا اک دن وقت آنے پر
میں سچ کہنے سے ڈرتا ہوں مگر جھوٹا نہیں ہوں

غموں کو چومتا ہوں اور مصیبت میں بھی ہنستا ہوں
کبھی کیسے بھی ہوں حالات میں روتا نہیں ہوں

جُھکوں میں روبرو بیمار اور بھوکے غریبوں کے
میں پتھر کے بُتوں کے سامنے جُھکتا نہیں ہوں

☆☆☆

☆

جنوں کی راہ میں کچھ دور چل کے دیکھتے ہیں
جفاؤں کو وفا سے ہی بدل کے دیکھتے ہیں

تو کہتا ہے ہمارے سلسلے میں دشمنوں سے کیا
تری محفل سے تھوڑی دیر ٹل کے دیکھتے ہیں

جگر کی ٹیس دردِ دل چُبھن تڑپن کسک آہیں
کھلونوں سے چلو ہم بھی بہل کے دیکھتے ہیں

زمیں پہ ڈھونڈھ لیتے ہیں ہمارے نقشِ پا دشمن
خلاء کی راہ پہ اک بار چل کے دیکھتے ہیں

دھنک میں آسماں پہ رقص کرتی ہیں حسیں پریاں
ملے ہم کو دھنک ساری مچل کے دیکھتے ہیں

محل تیرے ہیں اچھے یا ہمارا گھر یہ مٹی کا
چلو کچھ روز خاطر ہم بدل کے دیکھتے ہیں

سُنا ہے مئے برستی ہے ستم گاروں کی محفل میں
ذرا ہم بھی اُسی محفل میں چل کے دیکھتے ہیں

وہ دانا ہیں جو جینا چاہتے ہیں حال میں رہ کر
سیانے وہ نہیں جو خواب کل کے دیکھتے ہیں

جو مایوسی کی ناشکری کی تُندی لے کے چلتے ہیں
غموں کے سب تھپیڑوں کو سنبھل کے دیکھتے ہیں

☆

حقائق سے کبھی اُلجھے کبھی خوابوں کے محور سے
بشر کیسے نکل پائے گا تبدیلی کے ساگر سے

شجر ہوں ایک بھی پتّا نہیں ہے میری شاخوں پر
خزاں مایوس ہو کے لوٹ جائے گی مرے در سے

ازل کی تشنگی سے سر پٹکتا دیکھ ساحل پر
وہ اپنی پیاس لے کے لوٹ آیا ہے سمندر سے

ہمارا صبر ہے طوفان تو مت آزما اِس کو
کہیں ایسا نہ ہو تیرے نگر پہ ٹوٹ کر برسے

لگا دوں آگ سارے شہر میں آتا تو ہے جی میں
جلے گا تیرا خرمن بھی رُکا ہوں بس اِسی ڈر سے

اِسے قسمت کہیں یا دُنیوی حُکام کی لعنت
کسی کی گُل زمیں کوئی فلک کی چھاؤں کو ترسے

کوئی رب کی مشیت سے نہ جیتا ہے نہ جیتے گا
لڑے تدبیر سے چاہے لڑے کوئی مقدر سے

قضا خود سامنے ہوگی، گھڑی گر آخری آئی
لگا لو قُفل چاہے انگنت اندر سے باہر سے

عظیم اِک خواب اکثر دیکھتا ہے جاگتے سوتے
گیا جو لوٹ کر آیا نہیں مٹی کے اُس گھر سے

☆

گر پیار وفا ہی رہا موضوعِ گفتگو
کچھ بھی نہ بول پائے گا تو میرے رو برو

محسوس تو کرے گا مجھے موند کے بھی آنکھ
گلشن کے ہر اک پھول سے آئے مری خوشبو

پہلو سے لگا لوں تجھے آغوش میں لے لوں
اک دن ضرور ہوگی مری پوری آرزو

جی بھر کے تو برسا لے جفاؤں کے تیر و شر
تو مجھ کو ہر اک حال میں پائے گا سرخ رو

تیرے ہی تعقب میں ہوں برسوں گزر گئے
ہر موڑ پہ ہر راہ پہ دکھتا ہے تو ہی تو

وقتوں کے تھپیڑوں نے کیا حال بُرا یوں
اک خواب بن کے رہ گئی جینے کی آرزو

ہیں چار سو پھیلے ہوئے عزّت کے لٹیرے
خطرے میں ہر اِک لمحہ ہے ہم سب کی آبرو

دکھلائے گا پھر سبز باغ تجھ کو رہنما
پھر سے فریب میں نہ اُلجھ جائے کہیں تو

الفاظ کے چُناؤ میں محتاط ہوں عظیم
کرنی ہے صلح مند گر دشمن سے گفتگو

☆

سبھی گُل مُسکرا کر یوں گریں گے تیرے قدموں میں
لپٹ کر خار بھی سجدہ کریں گے تیرے قدموں میں

نکل پڑ چل بظاہر جستجو میں تو اندھیروں کی
اُجالے لوٹ آئینگے بچھینگے تیرے قدموں میں

کبھی رُکنا نہیں ہے تجھ کو بس چلتے ہی جانا ہے
بھٹکتے یہ ٹھکانے آ رُکیں گے تیرے قدموں میں

تو دہقاں سے محبت کر غریبوں کا مسیحا بن
خلائی نور کے دریا بہیں گے تیرے قدموں میں

تو میٹھے بول کی بوچھار کر دے دشمنوں پر بھی
رقابت بھول کر وہ آ جھکیں گے تیرے قدموں میں

پڑوسی سربراہوں کو اگر اکرام بخشے گا
سبھی دستار اپنی ڈال دینگے تیرے قدموں میں

اگر پودے لگائے گا تو نیکی کے محبت کے
ثمر اعمال کے مہکا کریں گے تیرے قدموں میں

چُبھے گا خار گر تو راہ سے معذور بوڑھوں کے
گلوں کی شکل کانٹے آ بچھیں گے تیرے قدموں میں

جھکا تو سر اسی کے سامنے جو سب سے اعلیٰ ہے
سبھی مغرور اُونچے سر جھکیں گے تیرے قدموں میں

052

☆

ازل کی نیند سے محشر نے جگایا مجھ کو
اجل کی دھند کی چادر نے چھپایا مجھ کو

وہ راہی چھوڑ کے مجھ کو جو مڑ گیا تھا کبھی
ہر ایک موڑ پہ چلتے ہوئے پایا مجھ کو

ابھی سمیٹ رہا ہوں میں آدمیّت کو
فرشتہ بننے کی خواہش نے گرایا مجھ کو

وہ میرا ظرف تھا ہر دل نے کی پذیرائی
ترے شعور نے ہر در سے اُٹھایا مجھ کو

اِک نیا عکس میرے چہرے پہ اُبھر آیا
مرے مزاج نے آئینہ دکھایا مجھ کو

اُسے شعور نے رسوہ و پشیمان کیا
گلے سے جب بھی محبت سے لگایا مجھ کو

لہو کے پھول سے کی میں نے اُس کی گُل پوشی
کہ جس نے خون کے آنسو تھا رُلایا مجھ کو

جو شب و روز نہ ملنے کا قصد کرتا تھا
اُسی نے چپکے سے خوابوں میں بُلایا مجھ کو

عظیم جس نے بھلانے کی قسم کھائی تھی
وہ یاد کرتا رہا بھول نہ پایا مجھ کو

☆

آؤ مجنوں بن جانے کی قسم پھر کھا لیں
اِن رقیبوں کو ستانے کی قسم پھر کھا لیں

خواب دیکھا ہے قیدیوں نے پھر رہائی کا
دل کی دیوار اُٹھانے کی قسم پھر کھا لیں

سرخ بادل خبر دیتے ہیں تیز آندھی کی
آشیانے کو سجانے کی قسم پھر کھا لیں

ہم کو الزام دے رہا ہے بے وفائی کا
اُس جفاکش کو رُلانے کی قسم پھر کھا لیں

چار کندھوں کی ہے قلّت تو چلو یوں کر لیں
لاش خود اپنی اُٹھانے کی قسم پھر کھا لیں

ہو گیا ہے تو کسی اجنبی کا شیدائی
تیرے وعدوں کو بھلانے کی قسم پھر کھا لیں

تیرے دیوانوں نے درگور کیا میرا جنوں
عشق کا سوگ منانے کی قسم پھر کھا لیں

رقیب سارے لوٹ آئے جو ترے در سے
دوستی اُن سے نبھانے کی قسم پھر کھا لیں

پارسا تھے رہیں گے اب بھی پارسا ہی عظیم
آؤ ہرجائی زمانے کی قسم پھر کھا لیں

☆

وقت تماشہ کیوں دکھلائے مجھ کو میرے ہونے کا
ہر لمحہ احساس دلائے مجھ کو میرے ہونے کا

شاید ننگے پاؤں چل پڑا ہوں میں منزل کی جانب
ہر کانٹا احساس دلائے مجھ کو میرے ہونے کا

دنیا بھر کے غم آ کر کے اُس دن مجھ کو گھیرینگے
جس دن بھی خدشہ ہو جائے مجھ کو میرے ہونے کا

درد کا سایہ دھوپ وقت کی اپنوں کے غم کا دریا
قدم قدم احساس دلائے مجھ کو میرے ہونے کا

کچھ لوگوں نے وجود میرا بنا دیا ہے بے معنی
دشمن ہی احساس دلائے مجھ کو میرے ہونے کا

مقصد کیا ہے کیوں جیتا ہوں جیتا ہوں کس کی خاطر
راز ابھی تک سمجھ نہ آئے مجھ کو میرے ہونے کا

فرض دوستوں پر بھی تو ہیں شاید کچھ میری خاطر
دشمن کب تک گیت سُنائے مجھ کو میرے ہونے کا

آسمان خاموش پڑا ہے تارے ہیں چپچاپ سبھی
ماہتاب منظر دِکھلائے مجھ کو میرے ہونے کا

بھید چھپائے بیٹھا ہے جو وقت ہلا دے ہونٹ اگر
پلک جھپکتے راز بتائے مجھ کو میرے ہونے کا

☆

میرا تیرا، تیرا میرا، بس اب اور نہیں
ذہنوں میں لالچ کا اندھیرا، بس اب اور نہیں

ہم مشرق کی راتوں کو بھی خود سے روشن کر لیں گے
مغرب کا مصنوئی سویرا، بس اب اور نہیں

جن کا قتلِ عام ہو رہا اپنے ہی بھائی ہیں
سایہ یہ ظلموں کا گھنیرا، بس اب اور نہیں

سنت فقیروں کو ہم نے ہی بنا دیا رب اور خدا
مذہب پہ دجّال کا گھیرا، بس اب اور نہیں

توڑ کے شاہی محلوں کو تعمیر کریں گے گھر اپنے
فوٹ پاتھ پہ رین بسیرا، بس اب اور نہیں

دشمن کو بھی دوست سمجھ لیتے ہیں ہم انجانے میں
لاعلمی کا گھور اندھیرا، بس اب اور نہیں

دنیاوی اسباب کا لالچ بٹوارے دھن دولت کے
وہ تیرا ہے یہ ہے میرا، بس اب اور نہیں

موقع ملتے ہی ڈس لیں گے انسانوں کو یہ دونوں
سانپ دوست بن گیا سپیرا، بس اب اور نہیں

نقب لگا دی دیواروں میں گھر کا تالا توڑ دیا
لوٹ لیا گھر میرا تیرا، بس اب اور نہیں

☆

دل کے کسی گوشے میں کسک ہائے ذرا سی
چہرے سے وہ نقاب سرک جائے ذرا سی

مرنے کی خبر سُن کے آپ آئے تھے اک دن
پھر ایسی خبر آپ تلک جائے ذرا سی

آنگن میں ہو داخل مرے بادِ نسیم بھی
وہ گر پسِ دیوار اُچک جائے ذرا سی

گرد و غبار خاک میں رہ جائے اُلجھ کر
یادوں سے تری سوچ یہ تھک جائے ذرا سی

سُن کے اذان میکدے میں ہی کروں قیام
پی کے یہ طبیعت جو بہک جائے ذرا سی

آنکھوں میں میری دیکھ کے ڈورے وصال کے
خواہش ترے لب پہ بھی دمک جائے ذرا سی

آغوش میں لے لوں ترا صندل سا بدن یہ
گر شرم کی دیوار درک جائے ذرا سی

بن جائے ایک دردِ مسلسل یہ زندگی
گر بے رُخی کے بوجھ سے تھک جائے ذرا سی

ہو جائے گی سرشار انا پیار میں عظیم
وہ دل کے روبرو اگر جھک جائے ذرا سی

☆

روکا مجھے جانے سے رقیبوں نے جدھر سے
طوفان بن کے گزرا ہوں ہر بار اُدھر سے

حدِّ نگاہ جھوم رہے ہیں نشے میں لوگ
جس روز سے گزرا ہے مرا یار اِدھر سے

غیروں کے تختِ گُہر پہ بھی اُٹھ نہیں سکتا
گر جائے شہنشاہ گر اپنوں کی نظر سے

جب سے میاں اِنساں نے رکھے پائے نحوست
کترا گئے شاعر میاں اب لفظِ قمر سے

منزل کے پاس پہلے تو پہنچا ہے وہ بشر
تھوڑا سا بھی جو ہٹ کے چلا راہ گزر سے

پہرہ لگا دیا ہے وحشیوں کا ہر طرف
دیوانے کی محفل میں تو جائے گا کدھر سے

کاندھے پہ رکھ کے سر بھرے روئے گا ٹوٹ کر
دشمن بھی لوٹ آئے گا جب تیرے نگر سے

شہوت کی نگاہوں سے بدن چومے گا تیرا
جو چھو نہیں پائے گا تجھے دل کی نظر سے

محلوں میں میسّر نہیں اُس کو سکوں عظیم
اک بار نکل جائے جو محبوب کے گھر سے

☆

صبا مچل کے ذرا محوِ یاس کر دے مجھے
تو اپنی سمت بدل پھر اُداس کر دے مجھے

میں ترے لمس کی خوشبو کو بھینچ لیتا ہوں
شبِ وصال سے اب رو شناس کر دے مجھے

ترے نصیب میں کتنے ذوال لکھے ہیں
بتا کے راز کوئی بدحواس کر دے مجھے

بدل کے راستے میں نے تمام دیکھ لئے
اب ایک راہ دے منزل کے پاس کر دے مجھے

میں اندھی بھیڑوں کے ریوڑ میں پھنس گیا شاید
نکال بھیڑ سے بھیڑوں کی خاص کر دے مجھے

شناخت دوست کی کر لوں یہ سلیقہ دے دے
فہم شناس بنا باحواس کر دے مجھے

نکال زندگی میری تو خارزاروں سے
بغیر خوشبو سہی گُل کپاس کر دے مجھے

ضمیر میرا کہے کر انا کی سرکوبی
انا کو ضرب لگا بدحواس کر دے مجھے

اُٹھا کے پردہ تجسُّس سے سب عیاں کر دے
عظیم پھر سے حقیقت کے پاس کر دے مجھے

وہ مجھے ٹوٹا ہوا اک آئینہ دکھلا گئے
میں یہ سمجھا میرا دل ریزہ ہوا بتلا گئے

جن سے تھی امید مجھکو گل سے بھر دیں گے لحد
وہ بھی پتھر رکھ کے سینے پہ مجھے دفنا گئے

بڑھ رہا تھا اُن کی جانب رنگ چہرے پہ لئے
مجھ کو دیکھا آنکھ پھیری اور پھر کترا گئے

وہ ہماری یاد میں تعمیر کروائیں گے تاج
کر کے وعدہ خوبصورت پھر مجھے بہلا گئے

میں نے پوچھا کس گلی میں رہ رہے ہیں آج کل
کر اشارہ دل کی جانب وہ پتہ بتلا گئے

دل مِرا قبضے میں لے کر گم ہوئے جانے کدھر
کس طرح جینا ہے تنہا راستہ دِکھلا گئے

دیکھ کر بھی یوں لگا دیکھا نہیں چلتے بنے
بے رخی کی کچھ ادائیں بھی مجھے سکھلا گئے

ایک قاتل سے محبت ہو گئی اُن کو عظیم
کر کے واضح اپنی حرکت دل مِرا دہلا گئے

نم ہوئی جو آنکھ اُن کی اشکِ راحت تھے عظیم
سانس ٹوٹی جان چھوٹی دِن کہے جتلا گئے

☆

نہ پوچھے مجھ سے کوئی اب سے پہلے جو رہا ہوں
نہیں تھا ہو کے بھی میں اب نہ ہو کے ہو رہا ہوں

میں پیاسا ہی رہا جب کہ مرے ہر سمت تھا پانی
سمندر کے کنارے بیٹھ کے میں رو رہا ہوں

ہیں جتنے داغ دامن پہ وہ اپنوں کی مہر سے ہیں
میں سارے داغ خونی آنسوؤں سے دھو رہا ہوں

بڑا ہی ناز تھا لوگوں کو میری باوفائی کا
میں اپنی عادتوں سے سارے رشتے کھو رہا ہوں

بھیانک خواب کے ڈر سے نہ آئی نیند محلوں میں
سکوں سے آج اک بوسیدہ گھر میں سو رہا ہوں

جو جیتی میں نے بازی ساری نفرت کی عداوت کی
وہ طمغے آج میں دل کی رگوں میں ڈھو رہا ہوں

بناتا جا رہا ہوں دوست نادانوں کو جُھلا کو
جو دانے دار دشمن تھے اُنہیں میں کھو رہا ہوں

لگا کے دونوں جانب راستوں کے پیڑ کیکر کے
میں اپنے راستوں میں خود ہی کانٹے بو رہا ہوں

نہ آئی نیند مجھ کو عمر بھر خوشیوں کے بستر پہ
غموں کی چادریں اوڑھے سکوں سے سو رہا ہوں

☆

آنکھ سے چھلکی شراب کِھل اُٹھے لب کے گلاب
دل نے چپکے سے خبر دی آ گیا اُن پہ شباب

جب تلک خاموش تھا میں اُنکی آنکھیں تھیں جھکی
سُنتے ہی آواز میری اُٹھ گیا اُن کا حجاب

زلف چہرے سے ہٹائی جب اُنہوں نے یوں لگا
اوٹ سے جیوں بادلوں کی نکل آئے آفتاب

لی جو انگڑائی اُنہوں نے بند سارے کھُل گئے
چاہنے والوں کا اپنے کر دیا خانہ خراب

خود ہی آ کے میری باہوں میں سمٹ کر رہ گئے
پورا ہو جاتا ہے اکثر جاگتی آنکھوں کا خواب

تو اگر یوں بے وفائی کی ڈگر چلتا رہا
مجھ کو بھی مِل جائے گا مجنون کا اک دن خطاب

کیا ہوا جو مے کدوں میں سب پہ تالے پڑ گئے
تیری آنکھوں میں جو اُتری ہے پیوں گا وہ شراب

چاند کے چہرے بدن پہ کالے کالے داغ ہیں
میں تجھے کیسے کہوں کہ تو ہے مثلِ ماہتاب

باڑھ آئے یا کہ سوکھا سخت سردی یا وبا
تیری خاطر جھیل لوں گا سارے قدرت کے عتاب

☆

شام ہو جائے زلف تیری گر بکھر جائے
صبح تھم جائے زلف تیری گر سنور جائے

نقاب چہرے پہ تو اپنے گرا لیتی ہے
تری گلی میں کوئی اجنبی اگر جائے

ترا شباب جس نے ایک بار دیکھ لیا
وہ تیرے در پہ نہ آئے تو پھر کدھر جائے

تری آنکھوں میں شرارت ترے ہونٹوں پہ ہنسی
کوئی بھی شخص تری شوخیوں پہ مر جائے

نظر دیوانوں کی جھک جائے پھر کبھی نہ اُٹھے
بزمِ مے خوار میں بے پردہ تو اگر جائے

سادگی نے تیری میرا سکون چھینا ہے
جنون میرا تیرے دل پہ اثر کر جائے

ناز و انداز سے تجھ کو کوئی لگاؤ نہیں
مجھ کو مِل جائے تو یہ زندگی ٹھہر جائے

قبول کر لے اگر تو ہماری چاہت کو
پیار کی خوشبوؤں سے تیرا مکاں بھر جائے

تو آج بھی ہے مکیں اس عظیم کے دل میں
دعا ہے دل سے ترے شوق ناں اُتر جائے

☆

قسمت سے میں لڑونگا اگر زندگی رہے
ہے شرط مگر اتنی کہ تو بس مری رہے

میں شوق سے مرُونگا کفن ہو اگر ہلکہ
زلفوں کا لے کے سایہ تو مجھ پہ جھکی رہے

آتے ہیں دیکھنے مجھے ہر روز وہ دشمن
جو چاہتے ہیں جاں مری لب پہ ٹکی رہے

سارے رقیب بزم میں ہیں جانتے ہوئے
تیرے طفیل محفلِ یاراں سجی رہے

کہہ دوں میں دل کی بات اِسی انتظار میں
ہونٹوں میں میرے آخری جنبش رُکی رہے

اُس دیس میں لے چل مجھے تو اےٗ مِری قضا
جس دیس میں یہ زیست مِری دائمی رہے

کوئی بھی آئے بزم میں ناں کوئی سروکار
جی بس یہ چاہتا ہے کہ شمع بجھی رہے

گر فرض محبت کا نہیں کر سکوں ادا
اک بارِ ندامت سے یہ گردن جھکی رہے

اس محفلِ یاراں سے اب اُٹھ جاؤ اےٗ عظیم
جو رہ گئی ہے تاکہ وہ عزت بچی رہے

☆

بزدلی سے زندگی کو کیوں جیے جاتے ہیں لوگ
داغ رسوائی کا لے کے لب سِیے جاتے ہیں لوگ

اِس جہاں سے ختم ہوگا کب محبت کا رِواج
مدّتوں سے نام مجنوں کا لئے جاتے ہیں لوگ

پہلے سُن لیتے تھے اکثر داستانِ دل میری
داستاں اپنے دلوں کی اب سُنا جاتے ہیں لوگ

عشق ہے دیوانگی مجنوں بنا دیتا ہے عشق
بات میری سُن کے یہ مجھ کو ہی گلیاتے ہیں لوگ

ہو نہیں سکتی ہے ہرگز مے کشی غم کی دوا
غم غلط کرنے کو پھر بھی مے پیے جاتے ہیں لوگ

شوق سے میں بے سر وساماں بے گھر ہو گیا
دیکھ کر انجام میرا یوں سہم جاتے ہیں لوگ

ہیں جو بے بس طیش میں آجاتا ہے غُصّہ جنہیں
بس نہیں چلتا کسی پر خود ہی پی جاتے ہیں لوگ

سامعیں اُکتا گئے ہیں مقطع پڑھ لیجیے جناب
آپ کی سُن کے غزل یہ لیجیے جاتے ہیں لوگ

کہہ نہ پایا جو بھی کہنا تھا کہوں گا پھر عظیم
دیکھنا ہے مجھ کو سُننے پھر کبھی آتے ہیں لوگ

☆☆☆

☆

تخلیق کی ڈگر کبھی چل کر تو دیکھیے
اِس راہ میں بچھے ہوئے پتھر تو دیکھیے

ہتھیار ڈال دیں گی زمانے کی گردشیں
خود بُزدلی کی سیج سے اُٹھ کر تو دیکھیے

خاکی مجسّموں کو بھی کہتے ہیں قیامت
کتنا ہے اُن میں دم ذرا چھو کر تو دیکھیے

سرپٹ نکل کے بھاگے گا گھوڑا خیال کا
بس اِک ذرا سی ایڑ لگا کر تو دیکھیے

دریا سے دور ہی تھا مگر پیاس بُجھ گئی
تسکین بھری دید کے جوہر تو دیکھیے

ساکت یہ سطحِ آب ہے دھوکہ نگاہ کا
باہر سے اُستوار ہے اندر تو دیکھئے

جینے کا کیا مزہ ہے اگر دل لگی نہیں
دل ایک بار آپ لگا کر تو دیکھئے

اوروں کے درد و غم کی فکر کرنے سے پہلے
اپنے غموں کا بوجھ اُٹھاکر تو دیکھئے

راہِ وفا میں پیار سے دے دے گا اپنی جان
اک بار بس عظیم سے کہہ کر تو دیکھئے

☆☆☆

☆

دِکھ رہا ہے آئینے میں مُسکراتا کون ہے
خواب کی راہوں میں وہ شمعیں جلاتا کون ہے

شام کی دھندلی فضا میں وہ اُفق کے آس پاس
عرش کی جانب قدم اپنے بڑھاتا کون ہے

پیاس کی تسکین کو اِک بوند پانی کے لئے
اپنے ہی ساحل پہ پیاسا تِلمِلاتا کون ہے

سر سے پاؤں تک دھنک کے رنگ میں لپٹا ہوا
کچے رنگوں کی تِتلیوں کو ستاتا کون ہے

گر گیا اپنوں کی نظروں سے جو خود سر خود پرست
دیکھتے ہیں اب اُسے پھر سے اُٹھاتا کون ہے

روند کر قدموں تلے میری وفا کے سلسلے
بے وفائی کے سُروں میں گُنگناتا کون ہے

ہچکیاں لے لے اگرچہ رو رہا ہے آشیاں
کونپلوں کے بیچ سے وہ مُسکراتا کون ہے

گر نہیں شیطان کا دنیا میں کوئی بھی وجود
ہر قدم پر آدمی کو ورغلاتا کون ہے

پتھروں کے شہر میں سنسان گلیوں میں عظیم
لاش اپنی خود اُٹھائے لڑکھڑاتا کون ہے

☆

وہ نسیمِ سحر وہ صبا اب کہاں
ہر طرف نفرتوں کا دھواں ہی دھواں

تیرے ہمسایے بھی تجھ سے ڈرنے لگے
عکس نفرت کا چہرے پہ اُن کے عیاں

بیٹھ کے چھت پہ دیکھا کئے رات بھر
ناں ثریاؔ دکھی ناں دکھی کہکشاں

ناں خبر ہی کوئی ناں ہی کوئی پتہ
کس جگہ ڈھونڈیئے ہیں نہ جانے کہاں

کھیلنا کھیل اندھیروں میں لُک چھپ کا وہ
آج بھی یاد ہے جب تھے دونوں جواں

سب شجر کٹ گئے باغ ویراں ہوئے
اب بنائیں گے کس شاخ پہ آشیاں

تنکے تنکے سے جوڑا تھا جو گھونسلا
لے گئیں ہیں اُڑا کے سبھی آندھیاں

لوگ درگور کرنے لگے ہیں مجھے
آ کے منہ دیکھ لو آخری ہے سماں

کس طرح ہو عظیم اب اکیلے سفر
جا چکا ہے بہت دور وہ کارواں

☆☆☆

☆

تو دوستی کا ہاتھ ذرا پھر بڑھا کے دیکھ
دُشمن کی طرف پھر سے ذرا مُسکرا کے دیکھ

ہاں بوجھ گناہوں کا لگے گا تجھے ہلکا
معصور کے کاندھے کا وزن تو اُٹھا کے دیکھ

آسان سی ہو جائے گی دنیا کی زندگی
اپنے ذہن سے کُفر کا پردہ ہٹا کے دیکھ

ہنس دینگے کھلکھلا کے سبھی ہو کے لوٹ پوٹ
مٹی کے کِھلونوں کو ذرا گدگدا کے دیکھ

ڈُکی کی چال چل رہا صدیاں گزر گئیں
گھوڑے کو تو خیال کے سرپٹ بھگا کے دیکھ

ہو جائے گا شفاف وہ آئینہ نفس کا
دل سے تو اپنے بغض کا ملبا ہٹا کے دیکھ

نفرت کی دوپہر کے اندھیرے کو چیر کر
روشن ہو رات پیار کی شمع جلا کے دیکھ

گُم کیوں ہے تو فریب و مکر کی گلی میں یوں
سچ جاننے کو جھوٹ سے پردہ اُٹھا کے دیکھ

قلب و ذہن کو ملتا ہے کتنا سکوں عظیم
اک دن کسی غریب کو کھانا کھلا کے دیکھ

☆☆☆

☆

کروں میں یاد اُسے کیسے سسکیاں لے کر
جو مجھ کو چھوڑ گیا میری جھڑکیاں لے کر

بڑی عجیب کیفیات اُٹھ رہیں من میں
کسی نے یاد کیا دل سے ہچکیاں لے کر

نسیم بھیجی تھی میں نے جسے دعاؤں کی
وہ روبرو ہے بغاوت کی آندھیاں لے کر

عمیق درد کی سوغات لے کے آیا تھا
چلا گیا وہ محبت کی بستیاں لے کر

جدا ہوا نہیں مجھ سے وہ ایک پل کے لئے
وہ چل رہا ہے مرے ساتھ دوریاں لے کر

شکست مجھ کو ملی اور انا جیت گئی
ضمیر اب بھی رو رہا ہے سسکیاں لے کر

وہ مُسکراتا ہوا اپنے نگر لوٹ گیا
قریب میرے وہ آیا تھا تلخیاں لے کر

خزاں کو لوٹنے دیجئے بہار کا تحفہ
کوئی تو آئے محبت کی وادیاں لے کر

بس ایک شاخ ڈھونڈنے کو بیابانوں میں
بھٹک رہا عظیم اب بھی آشیاں لے کر

☆

جلتے ہوئے جنگل میں چمن ڈھونڈھ رہے ہیں
دہکی ہوئی زمیں پہ وطن ڈھونڈھ رہے ہیں

شیطان کی شہ پہ جو مکاں چھوڑ آئے تھے
وادی میں پھر وہ اپنا صحن ڈھونڈھ رہے ہیں

سورج کی تمکنت کو جو آہوں میں کھا گئے
جگنوں کی روشنی میں اگن ڈھونڈھ رہے ہیں

ذہنوں میں جھولتے ہیں سیاست کے چیتھڑے
ہم چیتھڑوں میں اپنا کفن ڈھونڈھ رہے ہیں

گندی شکن آلود ہیں جن لوگوں کی سوچیں
وہ اوروں کے چہرے پہ شکن ڈھونڈھ رہے ہیں

آتش جہیز میں جو جلائی تھیں بیٹیاں
لاشوں کی راکھ میں وہ دلہن ڈھونڈھ رہے ہیں

محفوظ جو کتاب ہے مومن کے دلوں میں
مُنکر تمام اُس کا متن ڈھونڈھ رہے ہیں

معجون کھا کے لکھے گئے ہر کلام میں
غالب و میر جیسا سخن ڈھونڈھ رہے ہیں

جو لوگ نصیحت سے مغز کھا گئے عظیم
خالی سروں میں آج ذہن ڈھونڈھ رہے ہیں

☆☆☆

☆

ایک دانشور سے کوئی مشورہ لیں آیئے
کچھ سمجھ آئے نہ آئے سر جھکا لیں آیئے

نفرتوں کا بول بالا ہے زمیں تا آسماں
پیار سے لبریز اک دُھن گُن گُنا لیں آیئے

دشمنوں کی دشمنی تو کھل کے آئی سامنے
دوستوں کی دوستی اب آزما لیں آیئے

دوستوں نے کی دغا جب غیر سے کیسا گلہ
بھول کر سب کے چھلاوے مُسکرا لیں آیئے

سربراہوں کے عمل سے رو بروئے سب جہاں
جھک گئے ہیں سر جو اپنے پھر اُٹھا لیں آیئے

ساری فصلیں مر گئیں، اب ہے اندھیرا کھیت میں
روشنی کے واسطے خرمن جلا لیں آیئے

چار کاندھے ڈھونڈنے میں کیوں بھٹکنا در بدر
بوجھ اپنی لاش کا خود ہی اُٹھا لیں آیئے

مُلک کی عصمت بچانی ہے اگر آتنک سے
مُلک کی مِٹّی پہ اپنا خوں بہا لیں آیئے

تیرگی مِٹ جائے گی ظلم و ستم کی اب عظیم
جگنوؤں کو جوڑ کر سورج بنا لیں آیئے

☆☆☆

☆

ہوئے فہیم تو پھر بزدلی میں ڈوب گئے
جو اپنی خواہشوں کی تشنگی میں ڈوب گئے

نہ کر سکے کوئی مُقابلہ دلیلوں کا
وہ اپنی سوچ کی ہی تیرگی میں ڈوب گئے

حصولِ عشق کی خواہش میں محبت کر لی
مِلا جو درد تو دیوانگی میں ڈوب گئے

گئے تھے لینے جو حاکم کے در سے حق اپنا
جھکا کے سر کو وہیں بندگی میں ڈوب گئے

جہاں میں آئے تھے جو امن و اماں کی خاطر
وہ اِس زمین کی فتنہ گری میں ڈوب گئے

ہیں جو معصوم سے نادار دیش واسی سب
وہ رہنماؤں کی آوارگی میں ڈوب گئے

وہ آدمی کی شکل میں ہیں سبھی آدم خور
وطن فروش بنے رہزنی میں ڈوب گئے

جنہیں غرور تھا وہ ظرف کا سمندر ہیں
انا کی جھوٹ بھری طشتری میں ڈوب گئے

عظیم شوق تھا بچپن سے عاشقی کا جنہیں
جفائیں خوب ملیں شاعری میں ڈوب گئے

☆

سمٹ کے سسکیاں لیں یا کہ ہم بکھر جائیں
لپٹ کے اپنی ہی محرومیوں سے مر جائیں

بدل رہا ہر ایک دن نظامِ جمہوری
وہ چاہتا ہے کہ من مانیوں سے ڈر جائیں

بہت ہی موٹی سی چمڑی ہے رہبروں کی سبھی
ذلیل ہوتے رہیں اپنا کام کر جائیں

فریب جیسا ہے اِنصاف کہہ رہے ہیں سبھی
یہ سوچتے ہیں کہ اِنصاف کھا کے مر جائیں

سروں پہ باندھیں کفن لے لیں ہاتھ میں تابوت
بھول سے بھی جو کبھی آپ اُن کے گھر جائیں

ہر ایک شہر گناہوں کا بن گیا مرکز
اب گناہوں کا شہر چھوڑ کس نگر جائیں

وہ اگر ضد پہ جفاؤں کی اڑے تو ہم بھی
سرحدیں ضبط کی چپ کے سے پار کر جائیں

ہو رہے ہیں جدھر انا ضمیر کے سودے
شرافتوں کی حدیں پار کر اُدھر جائیں

عظیم سوچ رہے دل میں آج برسوں بعد
ڈگر جو چھوڑ چکے تھے اُسی ڈگر جائیں

☆☆☆

دنیا ہی جہنم ہے یہ کرتے ہیں بیاں سب
دوزخ سے ہو کے جائیں گے جنت ہے جہاں سب

ذلت یہ زمانے کی چھپایں گے کہاں سب
آنکھوں سے ہی کر جایں گے خاموش بیاں سب

نکلے جو خود کو ڈھونڈنے راہوں میں ملے ہیں
آتے ہوئے جاتے ہوئے قدموں کے نشاں سب

بھٹکے ہیں کچھ تو راہ میں کچھ ہار کے بیٹھے
منزل جو چاہئے وہاں پہنچے ہیں کہاں سب

جلتی ہوئی بستی سے نکل آئے جو بچ کے
روحوں میں سمیٹے ہوئے آئے تھے دھواں سب

خاموش جو بیٹھا ہوں زباں کھول دوں اگر
ہوجائیں گے پردے میں چھپے راز عیاں سب

اپنا ہی قتل کرنے میں چھوڑے تھے جو ثبوت
ہم آگئے مٹا کے شہادت کے نشاں سب

اک دن تو اپنے آپ ہی ہو جائیں گے عیاں
وہ راز گناہوں کے شرافت میں نہاں سب

ذکرِ وفا عظیم کوئی بھی نہیں کرتا
قصے جفا کے کرتے محبت میں بیاں سب

☆☆☆

☆

پیمانے جو چھلکے تو آنکھوں میں سرور آیا
دو گھونٹ بھی نہیں پی چہرے پہ غرور آیا

دیکھا جو میں نے اِک ٹک معصوم خماری سے
ساقی کے جسم و عارض پہ سُرخ نور آیا

خالی گلاس تھا مگر آنکھیں تھیں مئے سے پُر
جس وقت مئے کدے میں وہ میرے حضور آیا

کھانے لگا ہچکولے وہ وصل کے دریا میں
ساقی کے دل میں جانے کیسا فطور آیا

آیا نہیں خطوں کا میرے جواب کوئی
ٹوٹا ہوا بکھرا ہوا قاصد ضرور آیا

میرے لبوں کی جنبش کو پڑھ کے خموشی سے
آنکھوں سے مدّعا کا اس کو شعور آیا

لپٹا ہوا لہو میں اکثر جو مجھ کو دیکھا
چہرے پہ چمک اُس کی انکھیوں میں نور آیا

مئے وصل کی چھلکی جو ہونٹوں پہ مرے پی کے
ساقی کے جسم و جاں میں قاتل سرور آیا

آنکھوں کے جام پی کر سوئے عظیم جب بھی
خوابوں میں اُن کے راتوں کو وہ ضرور آیا

☆

اُجالوں سے عداوت اور صحبت تیرگی سے
یہ سودا ہو رہا ہے بے بسی کا زندگی سے

سیاسی خدمتوں میں تھا ملوث ایک مدّت
مگر اب آگیا باہر سیاسی گندگی سے

نکل جائے گا ہاتھوں سے ہمارے ناخدا بھی
اگر توبہ نہیں کی اب مجازی بندگی سے

وہی جو کھیلتے تھے زیست سے ہر روز لُک چھپ
وہ اپنا ہاتھ دھو بیٹھے ہیں اپنی زندگی سے

سبھی کے ساتھ رہ کر بھی اکیلے ہو گئے ہیں
جو آجز آگئے تھے دوستوں کی دوستی سے

نہیں دیکھیں گے مخلص دوست بھی تم کو پلٹ کے
کسی سے پیش آو گے اگر تم بے رُخی سے

بیاں کیسے کروں میں انتہائے نامرادی
میتسر موت بھی آتی نہیں اب خودکشی سے

خلائی آفتیں ہوں یا زمیں کردہ وبائیں
لڑائی ہم کو لڑنی ہے ہمیشہ خوش دلی سے

عظیم یہ نالا بندی ملک پہ ہے زخمِ کاری
وباؤں سے بچیں گے جو مریں گے بھک مری سے

☆☆☆

☆

عشق کی راہ میں کچھ ایسا کام کر جائیں
حسن کو زندگی دیں مر کے نام کر جائیں

ہر طرف دشت میں آتے ہیں نظر گُل بوٹے
سمجھ میں کچھ نہیں آتا کہ ہم کدھر جائیں

پیار میں آؤ رقیبوں سے دوستی کر لیں
عشق کی راہ میں کچھ تو کمال کر جائیں

حدیں ہم نازکی کی پار کریں ایسے کچھ
گلوں سے چوٹ لگے اور ہم بکھر جائیں

ضمیر کرنے لگا ہے ملامتیں دل پر
چلو انا کی چوٹیوں سے اب اُتر جائیں

اگر زباں سے شہادت کا جام چکھنا ہے
وطن کی راہ میں مرنے کو بے خطر جائیں

جنہیں یقین ہے وہ شوق کے غلام نہیں
کبھی بھی عشق کی جانب نہ بھول کر جائیں

شعائیں عشق کی پہنچے گی ناں زمین تلک
خلاء میں عشق کے اب ٹوٹ کر بکھر جائیں

کئی صدی سے اندھیرا ہے اُن کے دل میں عظیم
چراغ بن کے دل میں کیوں نہ ہم اُتر جائیں

☆

ایک معصوم سا عاشق تھا سزا سے پہلے
میں آدمی تھا محبت کی خطا سے پہلے

لوگ بچپن میں کہا کرتے تھے آوارہ مجھے
میں تھا بیباک کبھی حس کی حیا سے پہلے

تیری خوشبو مری نس نس میں ہو گئی پنہاں
یاد آئی تھی تری بادِ صبا سے پہلے

بن کے میں آج رہ گیا ہوں غلامِ دولت
میں اک فقیر تھا دولت کی وبا سے پہلے

عشق کو جرم سمجھتا ہوں آج کل یارو
عاشقِ زار تھا میں دل کی دوا سے پہلے

گونجتا ہے یہ جہاں جھوٹ کے نقاروں سے
ظلم حاکم ہے یہاں حق کی صدا سے پہلے

گنہ کے بار سے مفلوج تھے یہ ہاتھ مرے
رب نے آزاد کیا اُن کو دعا سے پہلے

دے کے آواز اچانک تو مجھے روکے گا
دل کو احساس ہو گیا تھا ندا سے پہلے

کُن کہا رب نے خدائی وجود میں آئی
عظیم جگ میں خدا ہی تھا خدا سے پہلے

☆☆☆

☆

یا رب تو ہمیں دولتِ ایمان عطا کر
ہر دل میں پیار میرے مہربان عطا کر

تو رزق دے حلال رہے برکتوں سے پُر
ہر روز مرے گھر پہ تو مہمان عطا کر

بھوکہ نہ رہے کوئی بھی دنیا جہان میں
فصلوں سے بھرے کھیت و کھلہان عطا کر

ہر آدمی ہے جی رہا گمراہ زندگی
تو اُن کو سبھی راستے آسان عطا کر

سارا جو لے کے بیٹھ گئے اُن سے چھین کے
سب کو زمین سب کو آسمان عطا کر

بے چھت ہیں زمانے میں جو ان کو مرے مولیٰ
تو دھوپ میں بارش میں سائبان عطا کر

ہو جائیں ادا فرض جب اھل و عیال کے
کعبے کی زیارت کا تو سامان عطا کر

دنیا کو تو محفوظ رکھ شیطان کے شر سے
ہر آدمی کو خصلتِ انسان عطا کر

سب سے عظیم تیری عدالت ہے جہاں میں
منصف کے ہاتھ عدل کا میدان عطا کر

ہر ظلم کے خلاف بغاوت کیا کرو
ہو جس سے پڑوسی دُکھی وہ مت کیا کرو

انساں کے بعد اور بھی اک کائنات ہے
دنیا میں ہر کسی سے محبت کیا کرو

رب نے دیا ہے سب تمہیں پھر مانگتے ہو کیوں
بھرنے کو اپنا پیٹ مشقت کیا کرو

بچے تو بگڑ جاتے ہیں بس مار پیٹ سے
اولاد کی، لفظوں سے نصیحت کیا کرو

تم جب بھی بزرگوں سے ملو، پیار سے ملو
بچوں سے سب کے پیار محبت کیا کرو

اللہ کہو گاڈ کہو ایشور کہو
بس اُس کے نام کی ہی وکالت کیا کرو

دکھ درد پڑوسی کا بانٹتے رہو ہر دم
مفلس سے یتیموں سے شفقت کیا کرو

بچے کریں تقلید ہمیشہ ہی بڑوں کی
کوئی بھی غلط کام کبھی مت کیا کرو

سب سے عظیم چیز ہے یہ پاک ذہنیت
تم اُس کی جستجو میں عبادت کیا کرو

☆☆☆

☆

ہو کے ہرجائی یہ الزام دیا ہے اُس نے
بے وفا ہوں' مجھے یہ نام دیا ہے اُس نے

دل کے زخموں کو نہ گن پائے گا بِرا ہم دم
عمر بھر زخم صبح و شام دیا ہے اُس نے

وہ سمندر کے کنارے بِٹھال کے مجھ کو
بس تھپیڑے ہی بَرِ عام دیا ہے اُس نے

جو تار تار کئے تھے خود اپنے ہاتھوں سے
ہو کے حالات سے ناکام سیا ہے اُس نے

بن کے معصوم چھلا ہے سبھی دہقانوں کو
یوں کسانوں کو بھی انعام دیا ہے اُس نے

گر گیا حُسن کے قدموں میں پی کے دو قطرہ
بادہ نوشی کو یوں بدنام کیا ہے اُس نے

جس کی تسکین کی خاطر اک درندے کی طرح
زندگی بھر ہی لہو عام پیا ہے اُس نے

حُسن دیوی تو کبھی حور کبھی معشوقہ
اپنے ساقی کو کئی نام دیا ہے اُس نے

ہم نوا بن کے مشرکوں کی حرکتوں کا عظیم
شوق کو بندگی کا نام دیا ہے اُس نے

☆☆☆

☆

سفر کا کر کے ارادہ کبھی اُٹھو تو سہی
طویل راہ بھلے حوصلہ رکھو تو سہی

سمجھ میں آئے گا کتنی ہیں پُرخطر راہیں
ہمارے ساتھ کبھی دو قدم چلو تو سہی

جو پیچھے چھوٹ گئے اُن کو پاس آنے دو
ذرا سی دیر کسی موڑ پہ رُکو تو سہی

ہر اِک بزرگ لگا لے گا تم کو سینے سے
سلیم بن کے کبھی پیار سے جھکو تو سہی

تمہارا دشمنِ جاں بھی قبول کر لے گا
خلوصِ دل سے کبھی مُدّعا کہو تو سہی

میں ایک پل میں دل کی ساری بات کہہ دوں گا
تم اکیلے میں کبھی اک دفع ملو تو سہی

ہیں جس پہ پہرے جو محبوب مِل نہیں سکتا
تم اُس کے خواب میں بس دو گھڑی رہو تو سہی

سمجھ میں آئے گا کہ عشق کسے کہتے ہیں
کسی سے پیار کبھی ٹوٹ کے کرو تو سہی

عظیم دیتا ہے تسکین درد کا رشتہ
یتیم بچوں کا ہمدرد تم بنو تو سہی

☆

عشق بے زار ہو جائے تو کیا کرے کوئی
حسن بیمار ہو جائے تو کیا کرے کوئی

ضرب سینے پہ جو آئے تو رفو کر لیں گے
ضرب دل ہی جو لگائے تو کیا کرے کوئی

حبیب ہاتھ میں خنجر لئے برہنہ گر
قریب اپنے بلائے تو کیا کرے کوئی

اگر بھنور سے ناؤ اپنی نکل آئے بھی
کنارے غرق ہو جائے تو کیا کرے کوئی

سمجھ کے جس کو محافظ دیا دلِ ناداں
وہی جو ضرب لگائے تو کیا کرے کوئی

دِکھا رہے ہیں کئی رنگ زندگی کو سبھی
زندگی رنگ دکھائے تو کیا کرے کوئی

بشر کو موت تو آتی ہے اک حیات کے بعد
حیات فوت ہو جائے تو کیا کرے کوئی

چلا گیا تھا جو ساکن تباہ کر کے مِرا
وہ اگر لوٹ بھی آئے تو کیا کرے کوئی

لحد میں سینے کی بیشک ہے دفن یاد اُس کی
عظیم گر وہ بھلائے تو کیا کرے کوئی

☆☆☆

☆

سینے میں جو ہوئی ہے یہ جنبش مرے حضور
جاگی کسی کے پیار کی خواہش مرے حضور

بے تاب ہیں ہم سینے سے لگنے کو آپ کے
بس دل میں لے کے آیئے تابش مرے حضور

گر گر کے اُلجھ خاروں سے چلتے رہے اگر
منزل کے پاس لائے گی کوشش مرے حضور

وہ میکدہ گر ہو گیا بس نام تُمہارے
ہو جایں گے آوارہ یہ میکش مرے حضور

امن و اماں سکون چھین لیں گے مرے سے
اذہان میں چھپی ہوئی خارش مرے حضور

راہوں کو استوار کرے گی ضرور اِک دن
جدّ و جہد کے ساتھ یہ کاوش مِرے حضور

نظروں کے سبھی تیر چلاؤ مِری طرف
سب رائیگاں ہو جائے گی کوشش مِرے حضور

پھنس کے رہو گے اپنی ہی چالاکیوں میں خود
کر لو خلاف کوئی بھی سازش مِرے حضور

ہم پارسا رہیں گے کوئی آئے بزم میں
مہتاب کہکشاں کہ ہو مہوش مِرے حضور

☆

سرکے ہے دھیرے دھیرے رُخ سے حجاب توبہ
دھڑکے ہے عاشقوں کا دل بے حساب توبہ

زلفیں یہ تیری جیسے سایہ صنوبروں کا
چہرہ یہ چودھویں کا ہے ماہتاب توبہ

ہونٹوں کے جام سے بس دو گھونٹ ہی پلا دے
اِن جھیل سی آنکھوں میں چھلکی شراب توبہ

ڈھلکا جو تیرا آنچل سینے سے ناگہانی
حوروں سا دمک اٹھا تیرا شباب توبہ

چمکے ترا سراپا شیشے کے بتوں جیسا
یہ جسم مرمریں ہے سائل کا خواب توبہ

ہونٹوں سے کیسے چوموں آنکھیں ہری نشیلی
ماتھے پہ تیرے دمکے اک آفتاب توبہ

کیسے پڑھوں میں عارض پہ دل میں تیرے کیا ہے
چہرہ تو بن گیا ہے کوری کتاب توبہ

میں جانتا ہوں پھر بھی امید میں بیٹھا ہوں
تجھ سے وصال ہونا دشتی سراب توبہ

سینے میں اُچھلتی ہے پھر آنکھ میں چبھتی ہے
ہونٹوں سے ٹپکتی ہے تیرے شراب توبہ

☆

تیری انا نہ تجھ کو ہی نابود بنا دے
تیرے وجودِ حق کو ہی مردود بنا دے

لائی وبا کے در سے متعفّن جو لپیٹے
گھل کے ہوا میں اُس کو ناں بارود بنا دے

ٹوٹا ہوا بکھرا ہو گمراہ گمشدہ
بھٹکا ہوا ماضی ہوں تو موجود بنا دے

ساکت پڑا ہے راہ میں مانندِ سنگ تو
عاشق نہ تجھے چوم کے معبود بنا دے

سینے میں دھدکتی ہے یہ جو سوزِ مشرکی
تجھ کو نہ تری آگ یہ نمرود بنا دے

جو بدبودار آہ نکلتی ہے دلوں سے
ہونٹوں سے چھو کے اِس کو عطرِ عود بنا دے

بے ایمان راستوں سے کمائی گئی ہے جو
دولت حرام ہے اُسے بے سود بنا دے

کمزور ہے ڈرپوک ہے یہ آدمی کتنا
جس چیز سے ڈر جائے یہ معبود بنا دے

معصوم اک بچے کو خدا اپنی عطا سے
دے کے زبور حضرتِ داؤد بنا دے

☆☆☆

☆

باطن نہ پڑھ سکے کبھی افشاں نہ پڑھ سکے
سطحِ سکوط میں چھپے طوفاں نہ پڑھ سکے

پڑھتے رہے ہم دوسروں کے عیب عمر بھر
اپنی کتابِ زیست کا عنواں نہ پڑھ سکے

اُن کے نشیب جسم میں گہرے اُتر گئے
لیکن فرازِ جسم کو عریاں نہ پڑھ سکے

پڑھ لیں کتابِ عشق کی جلدیں تمام تر
وہ ایک لفظ پیار کا آساں نہ پڑھ سکے

کرتے رہے تلاشِ عبادت سُجود میں
ماتھے پہ مومنین کے ایماں نہ پڑھ سکے

شیشے میں ڈھونڈتے رہے ماتھے کی لکیریں
چہرے پہ اپنے لفظِ پریشاں نہ پڑھ سکے

کھلتے ہوئے گلاب کی رنگت تو دیکھ لی
خاروں میں دم کو توڑتی کلیاں نہ پڑھ سکے

فرحت سے پُر نسیم کو آغوش میں لیا
راحت میں چھپی غم کی آندھیاں نہ پڑھ سکے

کرتے رہے طواف خلاء کی کتاب کا
نیچے زمین سر پہ آسماں نہ پڑھ سکے

☆☆☆

☆

مجھ کو جینے کا بہانا دے دو
اپنی یادوں کا خزانہ دے دو

پوچھتے بار بار دے دوں کیا
میں نے ہر بار کہا نا دے دو

گرچہ مہمیز نہیں دے سکتے
اپنے مجروح کو شانہ دے دو

اب تو بس ایک سانس بھاری ہے
جو سُلا دے وہ ترانہ دے دو

مختصر پوٹلی یہ یادوں کی
رکھ سکوں ایک ہی خانہ دے دو

دے رہا ہے فقیر در پہ صدا
کوئی سامان پرانا دے دو

جس سے تازہ ہو یاد قربت کی
صرف اِک بار وہ طعنہ دے دو

دشت و صحرا میں غرق ہو جاؤں
مجھ کو مجذوب کا بانا دے دو

تھک گیا دل یہ ہجرتوں سے عظیم
اب اِسے ایک ٹھکانا دے دو

☆

کھوٹا سِکہ تھا چل گیا پھر وہ
میرے دل سے نکل گیا پھر وہ

مل گیا جا کے میرے دشمن سے
اپنے وعدوں کو چھل گیا پھر وہ

دیکھ لیتا ہے غیر سا مجھ کو
موسموں سا بدل گیا پھر وہ

چبھ گیا خار پاؤں میں شائد
چلتے چلتے اُچھل گیا پھر وہ

قید کرنے کو ہاتھ میں سورج
مثل بچہ مچل گیا پھر وہ

اُس نے چاہی ہے وفا پھر مجھ سے
اپنی قسموں سے ٹل گیا پھر وہ

کل جو محفل میں ملے تم مجھ سے
دیکھ کر ہم کو جل گیا پھر وہ

میری آنکھوں میں دیکھ کر شعلے
برف جیسا پگھل گیا پھر وہ

تیز اتنی تھی پیار کی گردش
دائرے سے نکل گیا پھر وہ

☆

مجھ سے مت پوچھ کیا کہاں میرا
ہے زمیں تیری آسماں میرا

شاخ در شاخ پھول مہکیں گے
باغ تیرے ہیں باغباں میرا

آندھیاں چھو کے ہوا ہو جائیں
کیسے اُجڑے گا آشیاں میرا

غور سے دیکھ میل کے پتھر
گام ہر ایک ہے نشاں میرا

بُت نہ کر پائیں گے مجھے رُسوا
ہے مِرا ظرف پاسباں میرا

ہے جہاں دائمی مری خاطر
چھین لو عارضی مکاں میرا

ناؤ ڈوبے گی بھنور میں کیسے
گر ہوا تیری بادباں میرا

منزلیں ہر قدم پہ چومیں گی
چل پڑا اب یہ کارواں میرا

کھل گئی ہے زباں عظیم اُس کی
راز ہو جائے ناں عیاں میرا

☆

سرد پُھواریں تیرے نام
ساون سوکھا میرے نام

جانے کیسے آگ لگی
خرمن جلتا میرے نام

خوشہ بوٹا سینچیں ہم
رنگت خوشبو تیرے نام

محفل میلے چمکیں آپ
جیون تنہا میرے نام

بھٹکیں ہم گلیوں گلیوں
آنگن سارا تیرے نام

ساگر دریا چھلکیں آپ
جنگل صحرا میرے نام

میرے حصے سوکھے پھول
دامن بھر گُل تیرے نام

پیتل آہن سب میرے
پنّا ہیرا تیرے نام

مسکن تیرا شیش محل
درپن ٹوٹا میرے نام

☆

زندگی بوند بوند جی میں نے
تشنگی جھوم جھوم پی میں نے

دل میں کرتا رہا دعائے خیر
بددعا جب بھی اُس کو دی میں نے

غم سے غیروں کے دوستی کر کے
بانٹ دی سب کو ہر خوشی میں نے

وہ پلٹ کر چلا گیا یکدم
بات کچھ اس طرح کہی میں نے

میں نے رشتے چنے دماغوں سے
دل کی ناں ایک بھی سنی میں نے

جلتے ہونٹوں پہ رکھ کے لب اپنے
چھین لی اس کی تشنگی میں نے

لمسِ اوّل کی جب بھی یاد آئی
کی ہے محسوس گدگدی میں نے

جب سے دشمن کو نکلتے دیکھا
چھوڑ دی اس کی ہر گلی میں نے

کھینچ کر کے نسیم آنچل سے
بھر لی سینے میں تازگی میں نے

☆

دستِ قاتل کی میں اماں چاہوں
جان دے کے بھی اپنی جاں چاہوں

پیار بھی آپ کی سہولت سے
بولئے کیسے کب کہاں چاہوں

چاہتیں میری دیکھئے صاحب
میں بِلا آگ کے دھواں چاہوں

ہو گیا دل یہ مرا بنجارا
اب یہاں اور اب وہاں چاہوں

پار کرنے کو اک سمندر میں
اُلجھی ساحل پہ کشتیاں چاہوں

اُس کی آوارہ بھٹکتی یادیں
مل ہی جاتی ہیں میں جہاں چاہوں

اک ادا یہ بھی ہے محبت کی
پاس رہ کے بھی دوریاں چاہوں

نفس کی بھوک جب سے جاگی ہے
سونے چاندی کی روٹیاں چاہوں

لو لگا کے عظیم سنگ اُن کے
پھر اسیری کی بیڑیاں چاہوں

☆

تم سے وعدہ اگر یہ وفا ناں ہوا
قرض تھا پیار کا وہ ادا ناں ہوا

اک ذرا دور ہی آ کے جو رک گئے
آگے بڑھنے کا پھر حوصلہ ناں ہوا

تم تو ہر بات پہ مجھ سے نالاں ہوئے
میں کسی بات پہ بھی خفا ناں ہوا

یوں سرِ عام شکوہ گلہ ناں کرو
پیار تو پیار ہے ضابطہ ناں ہوا

درمیاں تو دلوں کے ہیں کچھ دوریاں
سوچ میں پر کوئی فاصلہ ناں ہوا

آپ تک کس طرح ہو رسائی مری
جب توسط سے ہی رابطہ ناں ہوا

رہ کے ہر وقت چندا کی سنگت میں بھی
رنگِ دل کیوں مرا دودھیا ناں ہوا

کرنے آئے تھے چرچا وفا پہ مگر
مُنہ سے اک لفظ بھی تو ادا ناں ہوا

بے نیاز ہے بھلے مجھ سے سارا جہاں
یار ہو کے بھی تو آشنا ناں ہوا

☆

ہاں ہواؤں کو پر دیا اُس نے
پر مسلسل سفر دیا اُس نے

ذوقِ پرواز تو مجھے بھی دیا
ساتھ ہی پر کتر دیا اُس نے

موتیوں کی تلاش کی خاطر
سیپیوں کا نگر دیا اُس نے

خود ہی گھڑ لیتا ہے خدا اکثر
آدمی کو ہنر دیا اُس نے

سنگ پرور کو دے دیا سورج
عاشقوں کو قمر دیا اُس نے

آسماں پر دھنک بکھیرے جو
بوند میں وہ اثر دیا اُس نے

کن کہا اور ہو گیا سب کچھ
اُس نے چاہا تھا کر دیا اُس نے

دے کے آدم کو فنِ گویائی
ایک اعلیٰ بشر دیا اُس نے

آدمی خاک کا کھلونا تھا
روح اور جان بھر دیا اُس نے

آج ہوا نے سارا قصّہ کہہ ڈالا
آنکھ جھپکتے جانے کیا کیا کہہ ڈالا

شاید اُن کے گیسو چوم کے آئی تھی
شان میں اُن کی ایک قصیدہ کہہ ڈالا

دیکھ اُمڈتا پیار مری اِن آنکھوں میں
یار نہیں وہ میرے جیسا کہہ ڈالا

میرے اُنکے بیچ شگوفے کیا کیا تھے
کھول کے سارے راز خلاصہ کہہ ڈالا

موتی جیسا اُلجھ رہا تھا پلکوں میں
اک قطرے کو اُس نے جھرنا کہہ ڈالا

پتھرائی آنکھوں سے میری راہ تکیں
تھا پورا پیغام ادھورا کہہ ڈالا

اُلجھے گیسو چاق گریباں پاؤں لہو
میرا حلیہ دیکھ عجوبہ کہہ ڈالا

جا کے میرا حال بتائے گی اُس کو
آئی ہے وہ کر کے وعدہ کہہ ڈالا

روتے روتے سنتے رہے ہر بات عظیم
ہنستے ہنستے جانے کیا کیا کہہ ڈالا

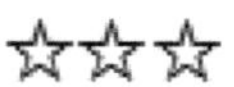

☆

ہوں میں آئینہ جانتا ہوں میں
جھوٹ کو جھوٹ مانتا ہوں میں

مجھ میں دیکھے گا کوئی سچ کیسے
شہر نابینا آ گیا ہوں میں

دل دھڑکتا ہے آج رہ رہ کر
کس کو ناں جانے بھا گیا ہوں میں

میں نے دیکھے ہیں آگ کے سودے
سرد راتوں میں جاگتا ہوں میں

ہر طرف موت کا ہے سناٹا
بس ایک زندہ رہ گیا ہوں میں

ہچکیاں آ رہی ہیں جانے کیوں
کیا اُسے یاد آ گیا ہوں میں

میں ملوں گا نہ اب کبھی اُن سے
بس قسم اُن کی کھا گیا ہوں میں

میرے چہرے پہ یہ لکیریں کیوں؟
کہہ دیا تو کہ ہاں خفا ہوں میں

میں ہوں بے شک عظیم اک شاعر
سب میں شامل مگر جدا ہوں میں

☆

سچ ہے یارو یہ فرمان
کالا دھن کھائے شیطان

پیچھے کھنڈر محلوں کے
آگے جگمگ سی دوکان

تازہ خبریں اور اخبار
نہیں رہا کوئی امکان

توڑ پھوڑ اور خونی کھیل
دیش بھگت ہیں یا حیوان

آپس میں ہم کو مروائیں
گندھ سیاست کے ارکان

منوا لے تو اپنی بات
یا پھر پیارے میری مان

خود غرضی اور رشتے جھوٹ
چڑھتے نہیں کبھی پروان

رینگ رہے ہر جانب چار
تو نے چھیڑی ایسی تان

جان بچائے بچھو کی
ہے عظیم کتنا نادان

☆☆☆

☆

دلوں کی راہ منزل مانگتی ہے
بھنور میں ڈوب ساحل مانگتی ہے

بری دُزدیدگی کو پھر سے دیکھو
یہ خونِ دل کہاں، دل مانگتی ہے

مشقت نیک نیت اور محنت
عملداری کا حاصل مانگتی ہے

بخیلی رعیتِ کج کا سلہ ہے
سخاوت تو بڑا دل مانگتی ہے

غلط اقدام کر دیتے ہیں پسپا
فتح تدبیرِ کامل مانگتی ہے

انا تو جھوٹ کے نرغے میں پھنس کر
دعا مرنے کی تِل تِل مانگتی ہے

جو ٹوٹا تھا تمہاری بے رُخی سے
وہی ٹوٹا ہوا دل مانگتی ہے

جفاؤں کا سلہ تو مل چکا ہے
وفاؤں کا مبادِل مانگتی ہے

نکل کر ناؤ جیون کی بھنور سے
غمِ دریا کا ساحل مانگتی ہے

☆

پھر حسرت ہے آ جاؤ
گر فرصت ہے آ جاؤ

بستر سے اُٹھ پانے کی
گر قوت ہے آ جاؤ

بند ہوئے ہیں در سارے
گر وقت ہے آ جاؤ

تنہائی نے گھیر لیا ہے
گر وحشت ہے آ جاؤ

طنز اور طعنے سننے کی
گر ہمت ہے آ جاؤ

خود اپنے ہی سائے سے
گر وحشت ہے آ جاؤ

دونوں کی رُسوائی کی
گر چاہت ہے آ جاؤ

تیکھے کڑوے بولوں سے
گر رغبت ہے آ جاؤ

تہمت سُنتے رہنے کی
گر عادت ہے آ جاؤ

☆☆☆

☆

صدیوں سے گمراہ وہی ہے
عاشق لاپرواہ وہی ہے

جو لفظوں کے تیر چلائے
جزبوں کا جراح وہی ہے

لے جائے گی منزل تک جو
دھندلی سی اک راہ وہی ہے

پتھر کے معبود نہ پوجو
شرک ہے اور گناہ وہی ہے

میر کارواں ہے جو رہبر
راہوں میں گمراہ وہی ہے

خوفِ خدا ہے جس کے دل میں
عُقباء سے آگاہ وہی ہے

ذہن پرندے چلتے فن کو
علم کی سچی گاہ وہی ہے

جس پر چل کے عقباء سوزے
سیدھی سچی راہ وہی ہے

عیب و ہنر کو یکساں جو لے
پیار وہی ہے چاہ وہی ہے

جو بھی آیا ہے خواب میں تیرے
سسک رہا عتاب میں تیرے

خاک ہو جاؤں گا فنا ہو کر
چاہتوں کے سراب میں تیرے

آب راحت اُنڈیل دوں گا میں
کھلتے لب کے گلاب میں تیرے

دعوتِ وصل کی مہک میں تو
سونگھ لوں گا شباب میں تیرے

میں نے دیوانِ عشق بھیجا ہے
کورے خط کے جواب میں تیرے

سُنتے رہتے ہیں غور سے کیوں سب
کچھ تو ہوگا خطاب میں تیرے

میں صفر بن کے بکھر جاؤں گا
زندگی کے حساب میں تیرے

تو خیالوں کو ایسے یکجا کر
میں سمٹ جاؤں خواب میں تیرے

ڈھونڈتا ہے عظیمؔ صدیوں سے
ایک چہرہ حجاب میں تیرے

☆

خلائی گنبدوں میں رہ گیا ہے
وہ بٹ کر مسلکوں میں رہ گیا ہے

دلالوں نے لگا رکھے ہیں پہرے
وہ اُونچے مندروں میں رہ گیا ہے

نہ ہوگا تا اجل آزاد شاید
وہ پتھر کے بُتوں میں رہ گیا ہے

نکل کر بنسری کی وادیوں سے
نگاڑوں کے سُروں میں رہ گیا ہے

زمین و آسماں سے وہ سمٹ کر
لکیری سرحدوں میں رہ گیا ہے

بنائے جس نے سورج چاند دھرتی
انگوٹھی کی نگوں میں رہ گیا ہے

اکیلا تھا جو مالک دو جہاں کا
وہ مُلا پنڈتوں میں رہ گیا ہے

بچاتا تھا جو ہم کو آفتوں سے
اُلجھ خود آفتوں میں رہ گیا ہے

وہ دیکھے چھوٹ شیطانوں کو شر کی
فقط ایٹم بموں میں رہ گیا ہے

☆

ظلم سے لڑنے یار چلو
پیار کا لے ہتھیار چلو

نیند میں جو رہنما پڑے ہیں
اُن پہ کرو یلغار چلو

جھڑپ تصادم چھوڑ دو سارے
امن سے جوڑو تار چلو

جئے بھارت ماتا کی بولو
یا پھر سرحد پار چلو

پود اُگا دی ہے نفرت کی
جڑ سے اُکھاڑو یار چلو

وطن پرستی ثابت کرنے
چھوڑ کے کاروبار چلو

بھائی بھائی بیچ کھنچی جو
توڑ دو سب دیوار چلو

بھٹک گئی جمہوری رہ سے
کھینچ لو یہ سرکار چلو

پھول کو چُن لو اور جلا دو
باغ کے سارے خار چلو

☆☆☆

خلاصہ میرا اُسے بے نقاب کر دے گا
بس ایک لفظ اُسے لاجواب کر دے گا

یہ میرا ضبط اگر قیدِ دل سے چھوٹ گیا
کسی کا چین سے جینا عذاب کر دے گا

شمع کو چاند بنایا ہے جن اندھیروں نے
کہ جگنوؤں کو وہی آفتاب کر دے گا

رقیب آپ کا بن جائے گر مِرا محسن
ہمارا آپ کا پورا حساب کر دے گا

سحر سے پہلے وہ سورج اگر نکل آیا
شبِ وصال کو پھر ایک خواب کر دے گا

جو بھی بھٹکے گا بیاباں میں جنونی بن کر
وہ اپنے پیار کو دشتی سراب کر دے گا

نظر جھکی ہوئی چلمن سی حسن پہ اُس کے
پلک اُٹھی تو اُسے بے حجاب کر دے گا

تو کسی غیر سے چرچا نہ کر مراسم کا
وہ ترے پیار کا قصہ خراب کر دے گا

جہاں کے ظلم و ستم پہ اگر رہے تم چُپ
ہمارا صبر نئے انقلاب کر دے گا

☆

زندگی نے جو کیا پہلا کرم
چند سطروں میں بیاں ہے وہ الم

تھا میرے دل میں نقش نسریں کا
پر ملیں مجھ کو قریشہ بیگم

کام کے وقت چیختی ہیں بہت
اور نظر آتی ہیں اکثر برہم

تھا میں حساس ہو گیا بے حس
باخدا یہ تو ہے بس اِن کا کرم

توڑ سکتا نہیں آسانی سے
ہے یہ رشتہ بڑا نازک و نرم

پیار کا وقت ہو تو یہ کمسن
اور غصّے میں اک جواں ضیغم

یہ مرغن بھی ہضم کر جائیں
بات ہوتی نہیں ہے اِن کو ہضم

کہتی رہتی ہیں مجھے یہ بڈّھا
اِن کو آتا نہیں ہے خود پہ رحم

عظیم بند کر دو یہ قصّہ
ورنہ ہو جائے کہیں سر نہ قلم

ہموار تھی زمین پھسلتے چلے گئے
محور سے مراسم کے نکلتے چلے گئے

ہم نے تو سرورق کو پلٹا تھا ایک بار
صفحے تری کتاب کے کھلتے چلے گئے

تصویر روبرو تھی تری ہم غزل سرا
مصرعے مری زباں سے نکلتے چلے گئے

افکار کی تعبیر میں تھے جو بھی خیالات
سارے خیال لفظ میں ڈھلتے چلے گئے

ہر زاوئے سے دیکھ رہے تھے سبھی مجھے
منظر مری ادا کے بدلتے چلے گئے

مسکان دیکھ ہونٹوں پہ ہلکی سی وصل کی
خرگوش کی طرح وہ اُچھلتے چلے گئے

بوسوں کے آبشار جو برسے نگاہ سے
آغوش میں گلاب سے کھلتے چلے گئے

پہلو میں میرے دیکھ کے اپنا مجسمہ
پاؤں پٹک کے ہاتھ کو ملتے چلے گئے

ہلکی ذرا بڑھائی تھی کو میں نے پیار کی
مانند شعر تازہ اُبلتے چلے گئے

☆

ٹیس کروٹ لے رہی ہے آج تک
چوٹ قسمت دے رہی ہے آج تک

میری آنکھوں میں بھٹکتی روٹھ کر
نیند کروٹ لے رہی ہے آج تک

کتنی گہری نیند میں ہے زندگی
موت دستک دے رہی ہے آج تک

قبر کے ظلمات میں سہمی ہوئی
روح آہٹ لے رہی ہے آج تک

زندگی بھر جو پریشاں تھے اُنہیں
موت راحت دے رہی ہے آج تک

اک خطا میری محبت کے عوض
وہ سزائیں دے رہی ہے آج تک

قرض میں جو دیں تھیں مجھ کو گالیاں
سود مجھ سے لے رہی ہے آج تک

کر کے وہ کھلواڑ جزبوں سے مرے
بد دعائیں لے رہی ہے آج تک

زخم پہ مہمیز کے بدلے عظیم
دل پہ ضربیں دے رہی ہے آج تک

☆

خدشہء عشق ٹل گئے سارے
داغ دل کے نکل گئے سارے

اب عدوئے جگر ناں دشمنِ جاں
تلخ رشتے بدل گئے سارے

خار جتنے بھی تھے مراسم کے
صبر کی آگ جل گئے سارے

دل کی نس نس میں چھپ کے بیٹھے تھے
بغض و کینہ پگھل گئے سارے

دیکھتے دیکھتے ہی اک پل میں
زیست منظر بدل گئے سارے

میری سانسوں کی سسکتی آہیں
دل سے نکلیں پگھل گئے سارے

میری میّت پہ نہیں روئیں گے
کر کے وعدہ بدل گئے سارے

میرے دشمن تمہاری محفل سے
خود ہی اُٹھ کے نکل گئے سارے

اُس نے دیکھا عظیم دُزدیدہ
اک نظر میں پھسل گئے سارے

☆

جنونِ خواہشِ قُدرت ہوگا
ایک دن باعثِ شہرت ہوگا

مجھ سے نفرت نہ کرو تُم ورنہ
اِس کا انجام محبت ہوگا

پیار میرا غریب بچوں سے
ایک معصوم کی صورت ہوگا

تیرا گرنا زمیں پہ امبر سے
حاصلِ عملِ بغاوت ہوگا

داغ لگ جائے گا بے شک اک دن
جس گھڑی چاند کی صورت ہوگا

پیار تیرا مرے رقیبوں سے
میری مرضی مری چاہت ہوگا

نفرتوں سے نجات کا حاصل
ہر اِک بشر سے محبت ہوگا

روح کو ضرب اگر دی تو نے
زخم انگاروں کی صورت ہوگا

پیار تحفے میں وفا کے بدلے
عظیم باعثِ فطرت ہوگا

☆

مجھ کو بے باک حوادث نے کیا
شکر اللہ کا یہ جس نے کیا

مے چھلک آئی اُن کی آنکھوں میں
خواہشِ وصل سے پُر جس نے کیا

اُن کے عارض پہ حنا کی رنگت
یہ خیالوں میں میرے کس نے کیا

حکمِ حاکم پہ ہوا قتل مرا
کوئی مطلب نہیں یہ کس نے کیا

اِک گناہِ عظیم ہو جاتا
مجھ کو آگاہ میری حِس نے کیا

بے رُخی دل کو توڑ دیتی ہے
یہ جانتے ہوئے بے حس نے کیا

کتنے معصوم ہیں دغا دے کر
وہ پوچھتے ہیں بھلا کس نے کیا

زمین سیر ہوئی سبزے سے
نیک اسباب یہ حارث نے کیا

آج مردود ہو گیا وہ عظیم
مجھ کو بدنامِ زماں جس نے کیا

☆

یہ تری نم سی باحیا آنکھیں
رقص کرتی ہوئی وبا آنکھیں

ہیں شعر نظم کے بلا الفاظ
یہ بند ہونٹ نیم وا آنکھیں

غم مرا چھین رہی ہیں مجھ سے
یہ تری درد آشنا آنکھیں

موتیوں سے بھرے صدف کی طرح
وہ اشک بار دل رُبا آنکھیں

ہو گئیں بے نیاز دنیا سے
پیار میں غرق باوفا آنکھیں

بے حیائی سے مجھ کو تکتی ہیں
سُرمئی رنگ باحیا آنکھیں

گھور کر دیکھتی ہیں آئینہ
خود کے دیدار سے خفا آنکھیں

صاعقہ بن کے چمن میں کوندیں
چشمِ نرگس سے بھی سوا آنکھیں

کیا چھپا ہے عظیم کے دل میں
بھانپ لیتی ہیں ماجرا آنکھیں

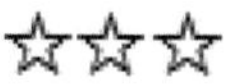

تعلق یوں پگھلتا جا رہا ہے
نئے رشتوں میں ڈھلتا جا رہا ہے

کیا جس کو بھلانے کا ارادہ
وہ ماضی سب پہ کھلتا جا رہا ہے

میں ہوں ارجن بلا شک اس صدی کا
مگر ترکش پھسلتا جا رہا ہے

ابھی میں نے قسم کھائی نہیں ہے
یہ دل پھر بھی مچلتا جا رہا ہے

مرے ہر وار سے بچتا ہے دشمن
وہ اپنے گھر بدلتا جا رہا ہے

نہ جانے کب پلٹ کر وار کر دے
وہ ہر لمحہ سنبھلتا جا رہا ہے

کبھی رکھتا تھا جو دل میں چھپا کر
وہی باطن اُگلتا جا رہا ہے

گھرا تھا جو مہذب دائرے میں
وہ اب باہر نکلتا جا رہا ہے

بچانے کے لئے کانٹوں سے دامن
وہ پھولوں کو مسلتا جا رہا ہے

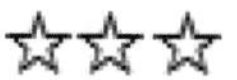

☆

گرم بازار ہے رقابت کا
جب سے چرچا ہوا محبت کا

کیا ہو انجام وہی رب جانے
عشق سے حُسن کی بغاوت کا

ہو گئی سوچ میری آوارہ
دَور جب سے چلا نصیحت کا

فرقہ وارانا وعظ سُن سُن کر
رنگ پھیکا پڑا عقیدت کا

عمر گزری تمام مل نہ سکا
بھید اللہ کی مشیت کا

عشق میں گر رقیب آیا تو
اِک مثلث بنا محبت کا

اُٹھ گئے سب فقیر در سے ترے
تھا اثر کھوکھلی سخاوت کا

چار بھائی ہیں اُس حسینہ کے
لو جنازہ اُٹھا محبت کا

لو کرو سامنا عظیم ملک
ڈن بلائی ہوئی مصیبت کا

☆

بھائی بھائی جب جھگڑ کر رہ گئے
باپ ماں بس سر پکڑ کر رہ گئے

دوستوں کے جیوں بڑھے دستِ کرم
خون کے رشتے اُکھڑ کر رہ گئے

زخم کاری یوں دئے احباب نے
درد کے بخئے اُدھڑ کر رہ گئے

ہر بشر اب حاشئے پر آ گیا
صفحۂ ہستی سکڑ کر رہ گئے

بے خبر معصوم بھولے بے ضرر
جھوٹے وعدوں میں جکڑ کر رہ گئے

سارے رشتے جن کا رشتہ زر سے تھا
سردمُہری میں اکڑ کر رہ گئے

جب مِٹے سارے نشاں اُمید کے
ہاتھ ماتھے پر رگڑ کر رہ گئے

ناطے رشتے توڑ کر اپنے سبھی
جڑ سے اپنی ہم اُکھڑ کر رہ گئے

جب فلک سے نعمتیں برسیں عظیم
ہم پھٹا دامن پکڑ کر رہ گئے

☆

مجھ کو محفل سے اُٹھا مت دینا
اُٹھ کے چل دوں تو ندا مت دینا

رکھنا قدموں میں بھلے ہی اپنے
مجھ کو ٹھوکر میں اُڑا مت دینا

جتنے چاہے فریب دو مجھ کو
میری چاہت کو دغا مت دینا

بھولنا چاہتا ہوں ہر صدمہ
میرے ماضی کو صدا مت دینا

میں دہریہ بھلے ہی رہ جاؤں
مجھ کو پتھر کا خدا مت دینا

تھپتھپانے سے چیخ اُٹھتے ہیں
میرے زخموں کو ہوا مت دینا

ناز ہے مجھ کو اپنی صورت پر
مجھ کو آئینہ دکھا مت دینا

دوستوں تھک گیا ہوں جی جی کر
مجھ کو جینے کی دعا مت دینا

ڈھونڈتی ہے عظیم کو دنیا
اُن کو مقتل کا پتہ مت دینا

☆

سمجھ میں آ گیا سب اکھی سے
گزرنا کیسے پھر تیری گلی سے

لیا بھی کچھ نہیں گر دے نہ پائی
گلہ کیوں کر کروں پھر زندگی سے

خوشی کا ایک لمحہ دے نہ پائے
رُلا لو آج جی بھر کے خوشی سے

نکل کر خُلد سے پائی یہ دنیا
ہوا بے گھر نکل تیری گلی سے

بنا لیتا ہوں سب کو دوست اپنا
کھلی باہوں سے ملتا ہوں سبھی سے

کسی کو ہے گلہ تو صاف کہہ دے
مجھے شکوہ نہیں کوئی کسی سے

لگا کر آدمیت کا مکھوٹا
وہ مِلنا چاہتا ہے آدمی سے

کٹی ہے جیب گھر کی سرحدوں میں
میں بچ کر آ گیا تھا رہزنی سے

نہ وہاٹسپ ہے نہیں مِس کال کوئی
میں عاجز آ گیا اِس بے رُخی سے

☆

عاشقوں سے دِلگی مت کیجئے
عشق پہ چھینٹا کشی مت کیجئے

دیکھئے مجھ کو ٹھہر کر اِک ذرا
اس طرح تو بے رُخی مت کیجئے

کیجئے دل کھول کر اظہارِ عشق
ہاں مگر بے پردگی مت کیجئے

عشق میں یہ بے رُخی تو عام ہے
پر گِلے تو ہر گھڑی مت کیجئے

موت دشمن آپ کی ہو جائے گی
زندگی سے دوستی مت کیجئے

بے بسی ہو جان لیوہ بھی اگر
بے بسی میں خودکشی مت کیجئے

ہو پڑھا لکھا کہ ہو انپڑھ بھلے
جاہلوں سے دوستی مت کیجئے

چاہئے گر آپ کو دل کا سکوں
پتھروں کی بندگی مت کیجئے

زندگی آ جائے راہوں پر عظیم
اِتنی بھی دریا دلی مت کیجئے

☆

ذن پیئے گھر جاؤں کیسے میں بھلا
ہر گلی ہر موڑ پہ ہے میکدہ

جو ترے در تک رسائی کر سکے
مِل نہ پایا آج تک وہ راستہ

میں تُجھے آواز دیتا رہ گیا
پر نہ دیکھا مُڑ کے تو نے اک دفعہ

تو جفاؤں سے وفا کرتا رہا
بے وفا کیسے کہوں تُجھ کو بھلا

کُھل نہ پائے گا کبھی اک راز ہے
حادثوں کے بیچ کا وہ حادثہ

اِنس تھا میں ہو گیا پھر آدمی
جب نشے میں کہہ دیا تجھ کو خدا

ٹوٹی پھوٹی اک عدد کشتی لئے
ہر بشر بنتا پھرے ہے ناخدا

سامنے تعریف پیچھے گالیاں
لوگ کہتے ہیں اُسی کو دوغلہ

تا قیامت چلتا جائے گا عظیم
زندگی اور موت کا یہ سلسلہ

ہوا کچھ گرم ہے بادِ صبا میں
پھنسی ہوگی محبت کی وبا میں

سبھی مجنوں قطاروں میں کھڑے ہیں
نہ جانے کیا کشش ہے بے وفا میں

مِلی پتوار کو موزوں ہوا کیا
اکڑ سی آ گئی ہے ناخدا میں

میں سُلجھانے چلا تھا زُلف اُس کی
اُلجھ کر رہ گیا اُس کی ادا میں

نہ نکلا بزم سے کھا گالیاں بھی
بڑی لذّت ہے اُس کی ہر جفا میں

ہمارے وصل سے پیدا ہوئی جو
وہ خوشبو گھل گئی ہے اب ہوا میں

دغا کو وہ ادا کہنے لگا ہے
سلیقہ آ گیا ہے بے وفا میں

مخالف سمت میں کشتی کو موڑا
تکبر آ گیا ہے ناخدا میں

قضا ہے گر محبت بے وفا سے
ہے جینی زندگی بے شک قضا میں

☆

محبت میں وہ باغی ہو گیا ہے
جفاؤں کا جو عادی ہو گیا ہے

کبھی جو عشق میں دھوکہ نہ کھایا
نہ جانے کیوں شرابی ہو گیا ہے

شہادت پیار میں نکلا تھا کرنے
گناہوں کا وہ غازی ہو گیا ہے

بتوں کا کرتے کرتے روز سجدہ
وہ شیطانوں کا حامی ہو گیا ہے

جسے بھی حال سے تھی بے ثباتی
وہ مستقبل سے ماضی ہو گیا ہے

جو گاؤں میں تھا قاتل اور لٹیرا
نگر آ کے وہ قاضی ہو گیا ہے

زمانے کی ہے ضد، زندہ رہے وہ
مگر وہ کب کا خاکی ہو گیا ہے

تشدد سہہ رہا تھا ہر بشر جو
تڑپ کر اب جہادی ہو گیا ہے

جو مُٹھی میں سمیٹے آسماں تھا
سمٹ کر پھر سے ماٹی ہو گیا ہے

☆

محورِ ذات سے نکل کے ذرا
بانٹ دو ہر خوشی مچل کے ذرا

عیش و عشرت سے خود کو فرصت دو
درد و غم سے کبھی بہل کے ذرا

اپنی خوشیوں کو کر لو دوبالا
کہ اِک یتیم سے بدل کے ذرا

فلک سے نعمتیں برستی ہیں
لپک لو ہاتھ میں اُچھل کے ذرا

عدو کے درد کو بھی پہچانو
نفرتوں سے کبھی نکل کے ذرا

کھلی فضا میں بہہ رہی ہے ہوا
اُنہیں بھی چوم لو ٹہل کے ذرا

یاد کرتے رہو لحد کی فضا
تم جنازے کے ساتھ چل کے ذرا

چشمِ بدبخت دیکھ لے نہ کہیں
مُسکراؤ مگر سنبھل کے ذرا

عظیم کر دو رسمِ وصل ادا
روٹھ جاؤ مگر بہل کے ذرا

☆

شام آئی ہے جام آنے دو
شب پہ تھوڑا سرور چھانے دو

جس کی لَے پہ تھرک اُٹھے ساقی
پھر وہی گیت مجھ کو گانے دو

اُس کا ساغر میں لرزتا سایہ
مجھ کو سایے سے لپٹ جانے دو

چوم لو جام اپنے ہونٹوں سے
جام پہ بھی شباب چھانے دو

مے کدہ شب کو پلا دو سارا
صبح کے پاؤں ڈگمگانے دو

ایک دن جس کو سُن کے روئے تھے
پھر وہی داستاں سنانے دو

جو خطا تو نے کبھی کی ہی نہیں
وہ خطا مجھ کو بھول جانے دو

وصل نے لی ہے پھر سے انگڑائی
مجھ کو پھر اور پاس آنے دو

زندگی بھر تو سِسکنا ہے عظیم
چند لمحے تو مُسکرانے دو

☆

خماری آنکھ میں تازہ رہے گی
کنی ہر اشک کی بادہ رہے گی

جو مئے چھلکے گی آنکھوں سے ہماری
ترے ہونٹوں پہ وہ تازہ رہے گی

ملاقاتیں جو ہوں گی دن دہاڑے
محبت بے سبب رُسوہ رہے گی

چلیں گے ساتھ لے کے فاصلہ ہم
وہ دوری ہر قدم یکتا رہے گی

گھڑی میں روٹھنا پھر مُسکرانا
ادا وہ سب تری تازہ رہے گی

فنا ہونے کا ہم کو ڈر نہیں ہے
یہ خدشہ ہے انا زندہ رہے گی

تمہارے دن ہماری زندگی یہ
رہے گی جب تلک بیوہ رہے گی

کمینے حکمرانوں کی نظامت
ہمیشہ حالتِ خستہ رہے گی

عظیم ہے جب تلک یہ سانس باقی
وطن مٹی تہِ سجدہ رہے گی

☆

حسن کو بے نقاب کر دوں گا
عشق میں تیرا خواب کر دوں گا

گر تو اُلجھا مری شرافت سے
تیرا جینا عذاب کر دوں گا

بے رُخی تو نے کی اگر مجھ سے
تیری نیندوں کو خواب کر دوں گا

گر کیا تو نے انا پر حملہ
میں تُجھے بے نقاب کر دوں گا

تو نے مجھ سے وفا نبھائی تو
تُجھ کو عزّت مآب کر دوں گا

تشنگی تیری بُجھانے کے لئے
میں لہو کو ہی آب کر دوں گا

ایک دن تیری نفرتوں کی عوض
چاہتوں کا حساب کر دوں گا

آخری وقت کی ملاقاتیں
حاصلِ باریاب کر دوں گا

گر تو کرتا رہا عظیم وفا
میں کرم بے حساب کر دوں گا

9 789356 281035